www.tredition.de

Für Aurelia

Heribert Schöttker

Hitler stahl meinen Onkel

www.tredition.de

© 2019 Heribert Schöttker

Verlag und Druck: tredition GmbH, Halenreie 40-44, 22359 Hamburg

ISBN
Paperback: 978-3-7497-7358-9
Hardcover: 978-3-7497-7359-6
e-Book: 978-3-7497-7360-2

Als Oma und Opa noch lebten war ich ein Teenager, hatte das Leben noch vor mir und interessierte mich so gut wie gar nicht für jene dunkle Zeit der deutschen Geschichte, von der man nur alte Schwarzweiß-Aufnahmen sehen konnte, und die darum irgendwo zwischen dem Altertum und dem finsteren Mittelalter zu liegen schien. Ein paar alte Schwarzweiß-Aufnahmen, teilweise nicht größer als Kreditkarten, gab es auch in dem einfachen verglasten Bilderrahmen, der bei Oma und Opa im Wohnzimmer hing, in der gleichen Ecke, in der auch das Fernsehgerät stand, welches Sendungen wie *Der blaue Bock* oder *Einer wird gewinnen* ebenfalls in Schwarzweiß wiedergab. Auf einigen der Fotos war mein Onkel Herbert abgebildet, der ältere Bruder meines Vaters, mal mit seinem Akkordeon (dessen Handhabung zu erlernen man mich viele Jahre später nötigte), mal zusammen mit Eltern und Bruder und auch in der Uniform der deutschen Wehrmacht mit dem unsäglichen Symbol des sogenannten tausendjährigen Reiches auf der Armbinde am Jackenärmel. Bilder eines blutjungen, freundlichen Mannes, der gern musizierte und fotografierte.

Herbert ist „gefallen", war die Information über diesen Jungen, der nicht einmal zwanzig Jahre alt geworden war und der zehn Jahre vor meiner Geburt starb. Weder Oma und Opa noch meine Eltern haben von sich aus wesentlich mehr über diesen Onkel und seine Erlebnisse in Russland berichtet, und ich habe es versäumt, danach zu fragen als es noch möglich war. Erst nachdem meine Mutter starb und meinem Vater folgte, kam ich unerwartet in den Besitz einer größeren Anzahl von Feldpostbriefen, die Herberts letzte Jahre und Monate vor seinem Tod in lückenhaften Momentaufnahmen beleuchten. Leider existieren nur Briefe, die der junge Soldat nach Hause geschrieben hat. Antworten, die seine Mutter ihm an die Ostfront schickte, habe ich leider nicht. So gestaltet sich der postalische Dialog leider sehr einseitig.

Sie, liebe Leserin, lieber Leser, muss das Einzelschicksal von Herbert nicht unbedingt interessieren. Schließlich war er nur einer von vielen tausend anderen heranwachsenden jungen Menschen, denen man die Jugend gestohlen hat, damit sie in einem irrsinnigen, unmenschlichen Krieg sterben, nachdem viele von ihnen anderen Menschen

Irrsinniges und Unmenschliches angetan hatten. Es gibt natürlich unzählige Familien, die ebenfalls über alte Feldpostbriefe aus dieser schwarzweißen Zeit verfügen. Mich jedenfalls hat die Beschäftigung mit den Briefen meines Onkels sehr berührt, und ich war von Anfang an entschlossen, sie zu sortieren und zu entziffern, was bei der verwendeten Sütterlinschrift nicht immer ganz leicht war.

Die ersten Feldpostbriefe kommen aus einem Ausbildungslager der Wehrmacht in Xanten, wo mein Onkel als sogenannter „Arbeitsmann" zunächst das Exerzieren und das sogenannte Schanzen, das Ausheben von Schützengräben, erlernen musste, und wo man den jungen Männern ganz allgemein die passende Ideologie für einen heldenhaften und vaterlandstreuen Soldaten einimpfte. Ich habe die Originalbriefe jeweils den in die lateinische Schrift übertragenen Texten gegenübergestellt. Allerdings habe ich nicht alle Originalbriefe digitalisiert, weil diese ohnehin nur der Illustration dienen.

Landau 27/6.43.

Ihr Lieben!

Bin gut im Reichsarbeitsdienst
angekommen. Es ist doch
ein ganz anderes Leben
als zu Hause. Wir bekommen
hier zu essen ... wie in Grimmen.
Zivil brauchen wir
überhaupt nicht. Wir sind hier
ganz neu eingekleidet
worden. Einen Drillichanzug nach
Maß. Das Muster ist auch
sehr hübsch. Aber wir sind
schon 2 mal im Luftschutzgraben

22.6.1943   Stempel: 24.6.43
      Abs.:Arbeitsmann Herbert Schöttker

Xanten 22/6.43

Ihr Lieben!

Bin gut im Reichsarbeitsdienst angekommen.
Es ist doch ein ganz anderes Leben als
zuhause. Wir bekommen hier zu essen wie in
Friedenzeiten. Zeug brauchen wir überhaupt
nicht. Wir sind hier ganz neu eingekleidet
worden. Eine Uniform nach Maß. Das Wetter
ist auch sehr gut. Aber wir sind schon 2
mal im Luftschutzgraben marschiert.
Schreiben könnt Ihr unter Feldpost No.
01044
Seid nun recht herzlich gegrüßt von Eurem
Sohn Herbert

Im Osten.
26/6. 43

Liebe Eltern u. Brüder.

Wie Ihr schon gehört habt, geht
es mir sehr gut, dieses hoffe
ich auch von Euch allen? Es ist
doch einmal eine richtige Ab=
wechslung hier. Die werden
uns schon brummen Kerle
machen! Bei dem Essen, was
wir bekommen, kann man
auch gut verzinnen. Wir kön=
nen soviel essen, wie wir
wollen. An Brot Marmelade
und Jonsdingen Sachen, gibt
es hier keine Grenzen. Man
verschaft hier das sein eigenes
Wort. Aus allen Provinzen u

26.6.1943

Stempel: 27.6.43

Absender: Am Herbert Schöttker

Im Westen, 26/6.43

Liebe Eltern & Bruder.

Wie Ihr schon gelesen habt, geht es mir sehr gut, dieses hoffe ich auch von Euch allen? Es ist doch einmal eine richtige Abwechslung hier. Die werden aus uns schon stramme Knaben machen! Bei dem Essen, was wir bekommen, kann man auch gut exerzieren. Wir können so viel essen, wie wir wollen. An Brot, Marmelade und sonstigen Sachen gibt es hier keine Grenzen. Man versteht hier bloß sein eigenes

Wort. Aus allen Provinzen & Gauen sind wir hier zusammen.

Ich habe mich hier photographieren lassen. Die Bilder sind ja zwar nicht schön, aber selten. Wenn Ihr mal wieder im Luftschutzkeller seid, könnt Ihr mal die Nachbarn von mir grüßen.

Seid nun recht herzlich
gegrüßt von Eurem Sohn
Herbert

Lass Vater an den NS K.K.Sturm schreiben, dass ich im Reichsarbeitsdienst bin.

Ihr könnt dann ja meine Adresse beigeben, da ich ja ein ½ Jahr hierbleiben muss.

Herbert

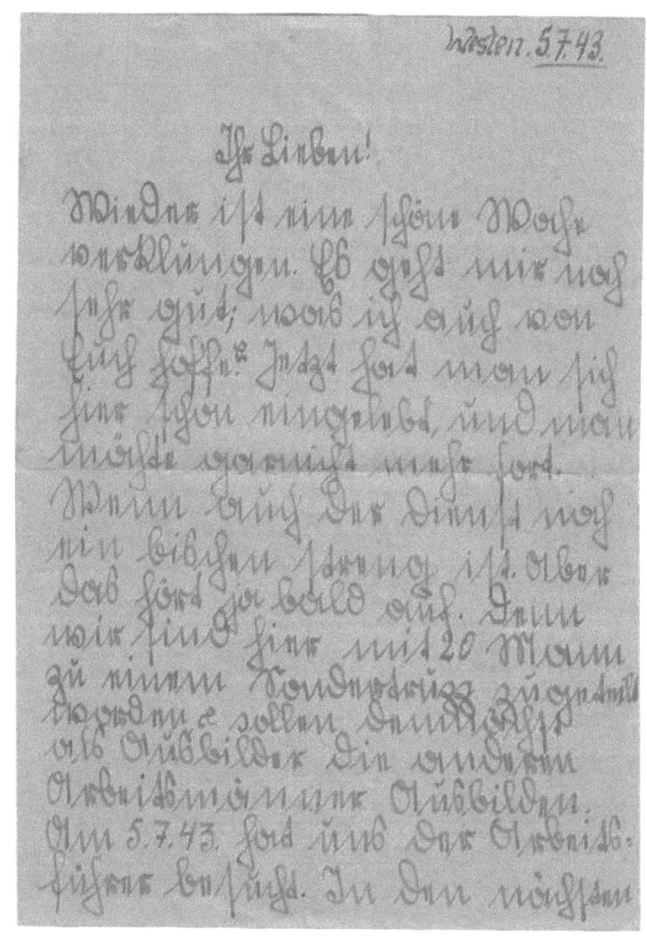

5.7.1943

Westen. 5.7.43

Ihr Lieben!

Wieder ist eine schöne Woche verklungen. Es geht mir noch recht gut, was ich auch von Euch hoffe? Jetzt hat man sich hier schon eingelebt, und man möchte gar nicht mehr fort. Wenn auch der Dienst noch ein bisschen streng ist. Aber das hört ja bald auf. Denn wir sind hier mit 20 Mann zu einem Sondertrupp zugeteilt worden & sollen demnächst als Ausbilder die anderen Arbeitsmänner ausbilden. Am 5.7.43 hat uns der Arbeitsführer besucht. In den nächsten Tagen wird der Reichsarbeitsführer uns besuchen. Am 18.7. werden wir unseren 1. Ausgang erhalten. Am 1.7. besuchten uns berühmte Filmschauspieler und führten uns ein Fronttheater auf. Das war wieder ein großes Erlebnis für uns. Ist in Ktbg.* nichts Neues? Ist Rudi** schon fort?

Ich will nun für heute schließen

Es grüßt vielmals Euer Sohn Herbert

*Katernberg
**Jüngerer Bruder

13

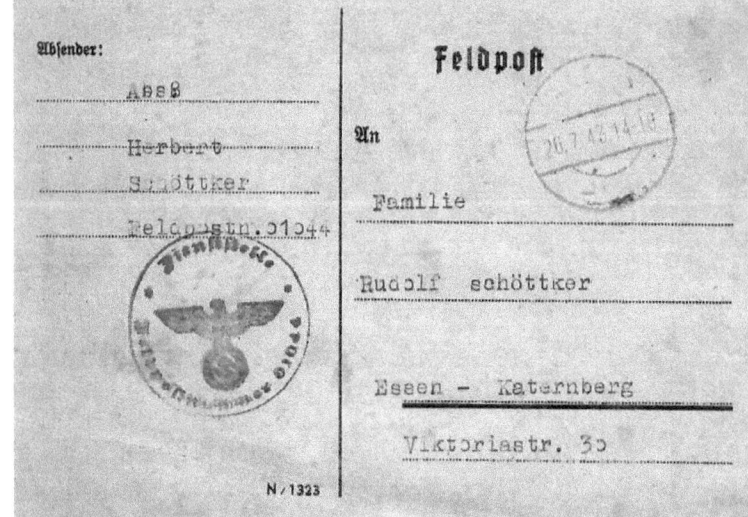

Feldpost

An

Familie

Rudolf schöttker

Essen — Katernberg

Viktoriastr. 35

N/1323

25/7/43

Liebe Eltern.

Ich habe noch eine Bitte. Wenn es Euch
nicht zu schwer fällt, könnt Ihr mein Accordeon
mit briengen. Denn wier haben hier eine
Kappelle , da fehle ich noch drin.
Wenn wir alleine ausgehen dürfen, werde ich
Euch schon am Bahhhöf abholen.
Ihr müsst aber früh von hause wegfahren,
wenn Ihr frühzeitig hierseien wollt.

Seit nun nochmals herzlichst gegrüsst
von Eurem Sohn

25.07.1943

Stempel: 26.7.43

(Postkarte - Schreibmaschine)

Liebe Eltern.

Ich habe noch eine Bitte. Wenn es Euch nicht zu schwerfällt, könnt Ihr mein Accordeon mitbringen. Denn wir haben hier eine Kapelle, da fehle ich noch drin.

Wenn wir alleine ausgehen dürfen, werde ich Euch schon am Bahnhof abholen. Ihr müsst aber früh von hause wegfahren, wenn Ihr frühzeitig hier sein wollt.

Seid nun nochmals herzlichst gegrüßt Herbert

An dieser Stelle sei ein Brief eingeschoben, der offensichtlich von einem Verwandten stammt, einem anderen jungen Mann, der seinen Dienst in der Marine tat. Hier ist von tatsächlichen Kampfhandlungen die Rede, was Herbert in seinen späteren Briefen aus dem Fronteinsatz vermeidet.

24.08.1943

An Bord, d. 24.8.43

Ihr Lieben!

Habe heute mit bestem Dank Euer Päckchen und das Geld erhalten, worüber ich mich sehr gefreut habe. Ich glaube, dem Rudi gefällt es auch nicht zuhause was? Na, wenn er sich gut schickt, dann geht es ja. Von Herbert habe ich auch schon Post bekommen, wie er schreibt, gefällt es ihm ja ganz gut.

Von unserem Seegefecht am 4.8. habt Ihr doch sicher in den Nachrichten gehört. Es war für uns ein sehr großer Erfolg. Den Tommis haben wir so richtig die Jacke voll gehauen, trotzdem, dass er mit einer Übermacht war. Wir haben 5 englische Schnellboote versenkt und 2 schwer beschädigt. In der Nacht, da war was los. Das Gefecht hat 4 Stunden gedauert. Gesundheitlich geht es mir noch sehr gut, was bei Euch ja auch der Fall ist.

Will nun schließen, denn es geht bald wieder los.

Es grüßt Euch herzlich Helmut

Gruß an Tante Maria u. Onkel Otto

Zu dieser Zeit befand sich Onkel Herbert noch immer im Ausbildungslager:

13.9.1943

Stempel: 14.9.43

Abs.: Am Herbert Schöttker

Feldpostn. 01044

13.9.

Liebe Eltern!

Habe Euer Paketchen vom 13.9. dankend erhalten. Mir geht es noch sehr gut, was ich auch von Euch hoffe? Kann Euch nun mitteilen, dass ich bis zum 25.9. bei Euch bin. Am 19.9. haben wir noch einen gr. Kameradschaftsabend in Xanten. Sonntag, den 12.9. waren wir in Moers gewesen & haben dort einen gr. Aufmarsch mitgemacht. Hierüber werde ich Euch noch einmal etwas erzählen.

In Katernberg wird ja wohl noch alles beim Alten sein. Ich kann aber nur dann entlassen werden, wenn ich bis zum 22. bzw. schon am 21.9. meine Zivilsachen habe. Aber ich hoffe das Beste. Die Adresse benutzt

AM Herbert Schöttker, R.A.D. Abtlg. 10/212

Xanten / Niederrhein.

Wenn Ihr die Sachen noch nicht aufgegeben habt, bitte als Eilgut oder bringen.

Ich will nun schließen.

Es grüßt vielmals Euer Sohn

Herbert

Gruß an die Nachbarn.

Liebe Eltern!
Haben heute das 1. mal
Ausgang & sind nun im
Soldatenheim. Sitze hier
gerade mit dem Fritz Tiefensee
zusammen, hören Musik &
bekommen gleich etwas zu
essen. Habe heute mittag
1 Std. geritten. Mal wieder
etwas anderes. Groß ausgehen
können wir so nicht. Es
schneit hier ununter-
brochen, aber anders wie
bei Euch. Die Wege, die hier
sind, genau so wie sie in
der Wochenschau gezeigt worden.
Alles ein Matsch. Habt Ihr
das ZimZeug schon erhalten,
& die Uhr mit dem Pfaffen.
Gibt es nicht neues bei
Euch. Selten hört man

21.11.1943

Stempel: 22.11.43

Osten, den 21./11.43

Liebe Eltern!

Haben heute das 1. Mal Ausgang & sind nun im Soldatenheim. Sitze hier gerade mit dem Fritz Tiefensee zusammen, hören Musik & bekommen gleich etwas zu essen.

Habe heute Mittag 1 Std. geritten. Mal wieder etwas anderes. Groß ausgehen können wir ja nicht. Es schneit nun hier ununterbrochen, aber anders wie bei Euch. Die Wege, die hier sind, genauso wie sie in der Wochenschau gezeigt werden. Alles ein Matsch. Habt Ihr das Zivilzeug schon erhalten & die Uhr mit dem (Pfeffer?)

Gibt es nichts Neues bei Euch. Selten hört man hier Radio. Will nun für heute schließen.

Es grüßt vielmals

Euer Sohn Herbert

Und nun einige Worte von

Eurem Bekannten Fritz:

Ich bin froh, dass ich Herbert getroffen habe, denn man kann mit einem Bekannten immer einige

Erinnerungen austauschen. Ich habe bestimmt nicht daran gedacht, hier in Russland einen so guten Kameraden zu treffen.

Es grüßt herzlich

Fritz Tiefensee

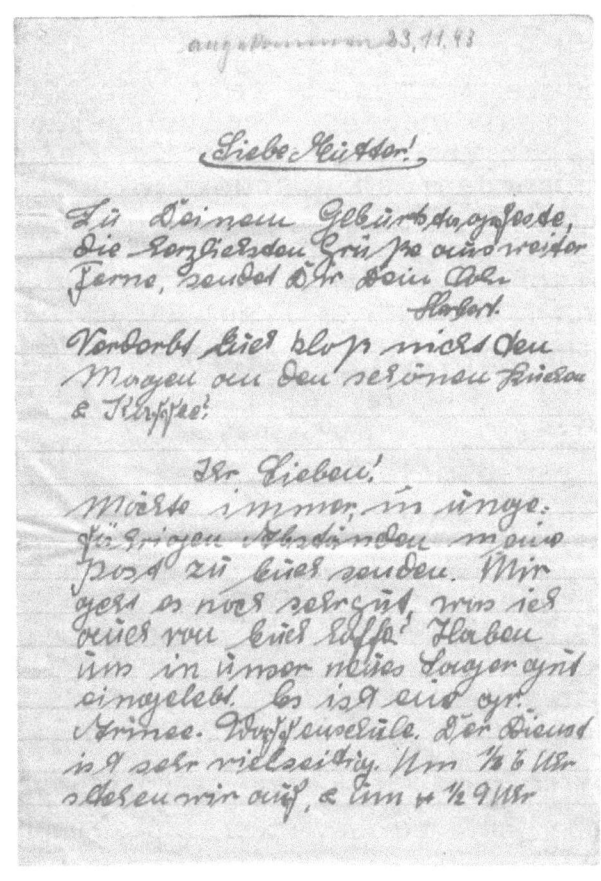

14.11.1943

Ohne Umschlag

Angekommen: 23.11.43

Liebe Mutter!

Zu Deinem Geburtstagsfeste die herzlichsten Grüße aus weiter Ferne sendet Dir Dein Sohn Herbert
Verderbt Euch bloß nicht den Magen an dem schönen Kuchen
& Kaffee?

Ihr Lieben!
Möchte immer in ungefähren Abständen meine Post zu Euch senden. Mir geht es noch sehr gut, was ich auch von Euch hoffe? Haben uns in unser neues Lager gut eingelebt. Es ist eine gr. Armee. Waffenschule. Der Dienst ist sehr vielseitig.
Um ½ 6 Uhr stehen wir auf & um ½ 9 Uhr gehen wir wieder zu Bett. Wenn wir morgens aufstehen, scheint uns schon die Sonne entgegen. Dann gehen wir uns an einem gr. See waschen, anschließend frühstücken & schon beginnt der Dienst. Habe hier schon einige kl. & gr. Schlachtfelder gesehen, worauf viele Soldatengräber zu sehen sind... Habt Ihr oft Alarm?

Schreibt mir doch bitte mal die Adresse von Kurz & vom Alfred Drechsler, wenn Ihr sie habt, denn die sind mit verloren gegangen. Wenn Ihr mal ein Paketchen schickt, legt bitte einen alten Putzlappen & einige Kuverts mit Bogen bei.

Sei nun recht herzlichst gegr. von Eurem Sohn Herbert

03.12.1943

Ohne Umschlag

Osten, 3/12.

Liebe Eltern

Heute, wo ich Euer Paket gut erhalten habe, möchte ich Euch sofort mal schreiben. Erst besten Dank dafür. Ich war darüber sehr erstaunt. Eine schöne Abwechslung für Russland.

Nach langer Zeit mal wieder etwas Süßes.

Hoffentlich geht es Euch noch recht gut, was ich auch von mir schreiben kann?

Habt Ihr denn meine Zulassungsmarken nicht erhalten? Es waren doch 4 Stück. Wenn Ihr etwas über habt für ´n armen Landser, könnt Ihr ab & zu mal etwas schicken? Hier in Russland kann man alles gebrauchen. Wenn Ihr noch mal einen alten Schal & ein paar alte Fingerhandschuhe auftreiben könnt, bitte schicken. Jetzt wird es auch schon so einigermaßen kalt. Einen gr. Adventskranz haben wir uns auch gemacht. Für Russland haben wir es uns ganz gemütlich gemacht.

Den Dienst kann man gut ertragen. Alarm gibt es hier keinen. Es ist gerade dumm, wenn alle Nase lang im Keller sitzt. Heute war der General hier. Er heißt „Baron Dijou von Monteton".

Heißt es auch immer jeden 2. Sonntag „Pflichtschicht"?

Für heute soll es nun genug sein. Seid recht herzlichst gegrüßt von Eurem Sohn Herbert

Habe den Brief gerade zugeklebt, da erhielt ich Euren Brief vom 25.11. Das war der 3. Brief, mit dem Brief im Paket, den ich von Euch erhalten habe. Dann habt Ihr ja meine Zulassungsmarken erhalten. Ich habe gestaunt, dass schon wieder ein

Weihnachtpaket unterwegs ist. Die Post nach Russland dauert wohl ein bisschen länger wie nachhause.

Von Kurt & Alfred habe ich die Adr. wiedergefunden. Frau Beyer hat es ja gut vor? Heute Nacht ist es sternenklar & sehr kalt.

Weihnachten seid Ihr ja dieses Mal wohl alleine

zuhause. Aber auch die nicht bei Euch sind, denken immer an zuhause.

Nun soll aber für heute Schluss sein.

Es grüßt vielmals Euer Sohn Herbert

15.12.1943

Stempel: 16.12.43

Liebe Eltern!

Nun kommen die ersten mit Euch tief verbundenen Weihnachtsgrüße. Genauso wie Ihr nun am geschmückten Weihnachtsbaum sitzt, verbringen auch wir unsere

Weihnachten. Es sind schlichte Soldatenfeste, die nun soldatisch gefeiert werden. Es ist wohl das 1. Mal, dass Ihr alleine Eure Weihnacht verbringt. Hoffentlich das letzte Mal? Es gibt ja wohl nichts schöneres, ein so großes Fest gemeinsam zu verleben. Wenn ich auch im Sinne, fern von Euch bin, so bin ich im Geiste bei Euch. Wenn ich Urlaub bekomme, dann wird Euch nicht mehr die Decke auf den Kopf fallen. Es ist die Feiertage immer viel zu schreiben, um auch jeden Verwandten zum Recht kommen zu lassen. Es ist ja gerade der 1. Weihnachtsbrief, den ich Euch schreibe. Aber wohl auch das letzte Mal? Dieses sollen heute nur die allerherzlichsten Weihnachtsgrüße sein.

Seid nun für heute recht herzlichst gegrüßt von Eurem Sohn Herbert

Lasst Euch den guten Kaffee, Kuchen und Schnaps gut schmecken.

16.12.1943

(Ohne Umschlag)

-Frohe Weihnachten-

16.12.

Ihr Lieben!

Habe Eure Briefe vom 29.+30. am 16.12. mit gr. Freude erhalten. Mir geht es nun wieder recht gut, was ich auch von Euch hoffe? Vom 11. - 15. war ich etwas krank, und habe im Bett an Kopfgrippe gelegen. Nun geht es wieder so einigermaßen. Ich habe mich gewundert, dass Onkel Heinrich auch eingezogen wird.

An Herrn Bleckmann habt Ihr Euch wieder einmal gesund gelacht, was?

Wir haben gutes Essen. Halten immer noch Brot über. Eure Post habe ich so ziemlich alle erhalten? Acht Briefe, ohne die, die in den Paketen waren, habe ich bis zum 16.12.43 zum Glück erhalten. Mit den Strümpfen habe ich Euch schon geschrieben. Strümpfe, Schal & meine Turnschuhe & Uhr kann ich gut gebrauchen.

Wir werden hier eine frohe Soldatenweihnacht feiern. Rauchwaren braucht Ihr keine mehr schicken. Wir bekommen genug. Wir lassen den Mut nicht sinken. Wären wir in Holland geblieben, wären wir bestimmt auf Urlaub geschickt worden? Mit der Kälte ist es anders wie Deutschland. Am 8.12. waren wir bis an den Knien im Schlamm. Um 6 Uhr kam ein starker Ostwind & schon war alles in Zeit von 10 Minuten so hart, dass mit dem Hammer nichts mehr zu machen war. Einfach märchenhaft wie? Aber es ist wirklich anders wie bei Euch. Jetzt haben wir wieder schönes Weihnachtswetter.

Hoffentlich feiert Ihr auch schön Weihnachten. Lasst Euch den schönen Kaffee & Kuchen gut schmecken. Im Geist sitze ich bei Euch am Tisch. Schicke Euch wieder 8 Luftpostmarken.

Könnt Ihr auch zwischendurch schicken. Kl. Päckchen ohne Marke kann man bloß bis 100 g schicken.

Frohe Weihnachten

(Weihnachtliche Motivskizzen)

Seid nun heute recht herzlichst gegrüßt von Eurem Sohn Herbert

Bestellt den Nachbarn viele Weihnachtsgrüße von mir.

22.12.1943

Stempel: 23.12.43

22/12.

Ihr Lieben!

Möchte Euch nun wieder einige Zeilen
schreiben. Mir geht es noch sehr gut, was
ich auch von Euch hoffe? Hoffentlich seid
Ihr gut ins neue Jahr hineingekommen? Mit
Sang und Klang, viel Schnaps & Humor?

Wir stehen nun kurz vor dem Weihnachtsfeste
& die Freude wird immer größer. Es gibt
gut zu essen & sehr viel zu trinken. Wenn
wir das alles trinken wollen, was wir
bekommen, liegen wir eine ganze Woche
unterm Tisch. Aber wir schaffen das schon
spielend.

Es ist nun hier sehr kalt & es liegt viel
Schnee. Das richtige Weihnachtswetter.
Viel Soldatenhumor wird es die Feiertage
geben. Einen sehr schönen Weihnachtsbaum
habe ich geholt & fertig gemacht.

Aber Sylvester wird es erst spannend werden.
Ich wünsche Euch für das Neue Jahr viel
Glück & Segen. Im Jahre 1944 werde ich wohl
auf Urlaub kommen dann wird aber alles
nachgeholt.

Habe schon 1 Woche keine Post mehr bekommen.
Schickt mir bitte Nähzeug, vor allen Dingen
Hosenknöpfe. Habt Ihr das mit den Bildern
schon in Ordnung?

Für heute im alten Jahr noch alles Gute
wünscht Euch Euer Sohn Herbert

01.01.1944

Stempel: 2.1.44

Prost Neujahr 1.1.1944

Liebe Eltern!

Heute am Neujahrstage möchte ich Euch
gleich im neuen Jahr die besten Grüße
senden. Seid Ihr gut ins neue Jahr
hineingekommen? Habt Ihr alleine gefeiert?
Zu trinken werdet Ihr wohl genug gehabt
haben? So schön wie wir dieses Jahr den
Sylvester gefeiert haben, kann es zuhause
kaum sein. 2 Flaschen Weinbrand haben wir
spielend verbechert. Das schönste von
allem war, dass wir ein Accordeon zur

Stelle war. Das habe ich für Sylvester geliehen bekommen. Fritz Tiefensee bekam 1 Saxophon & da mussten wir bei der Armee

Waffenschule spielen. Es gab feinen Likör & Sekt. Das war unsere Sylvesterfeier 1943-44. Am Neujahrsmorgen war kein Wecken, um 10 Uhr sind wir aufgestanden, haben unseren Ofen angesteckt & habe mir zur Feier des Tages mit dem Öl von den Ölsardinen Bratkartoffeln gebraten. 2 Tage keinen Dienst haben, ist bestimmt eine Wohltat.

Lb. Eltern, wenn Ihr mal eine Zulassungsmarke überhabt oder auftreiben könnt, gebt sie bitte der Frau Beyer, denn Sie bittet mich immer darum. Sie will mir ein Paket mit 1 Mettwurst schicken. Wir müssten bald auch wieder welche bekommen? Was machen Eure Kaninchen? Liegt bei Euch auch schon Schnee? Gibt es sonst nichts Neues? Mit den Bildern wird wohl sicher klappen? Demnächst werden wir eine andere Feldpostnummer erhalten. Die jetzige ist vorläufig.

Auf ein neues glückliches Jahr will ich nun für heute schließen.

Es grüßt vielmals Euer Sohn

Herbert

Liebe Eltern! 4/1.

Heute am 4.1., habe ich vier Briefe
bekommen. Am 3.1. bekam ich
2 Briefe, & 1 Paket, von ... Onkel
Josef. Mir geht es noch sehr gut, was
ich euer ... Hier Sache? Schade,
daß Walter Haase gefallen ist.
Hoffentlich erhalte ich das Paket,
was Ihr mit den schönen Wintersachen, & der Uhr abgeschickt habt.
Habe gerade wieder Nachricht. Wenn
Ihr keinen Wein erst bekommen habt, war es doch sicher
keine richtige Weihnacht gewesen?
Habt Ihr meine Pakete schon erhalten? Etwas Neues wird es ja
wohl nicht geben? Schießt es
wieder? Hier liegt
schon ½ mtr. Schnee? Bei Euch wird
es wohl kaum der Fall sein?

34

04.01.1944

Stempel: 6.1.44

4./1.

Liebe Eltern!

Heute, am 4.1., habe ich vier Briefe bekommen. Am 3.1. bekam ich 2 Briefe & 1 Paket von Onkel Josef. Mir geht es noch sehr gut, was ich auch von Euch hoffe? Schade, dass Walter Hoche gefallen ist. Hoffentlich erhalte ich das Paket, was Ihr mit den schönen Wintersachen & der Uhr abgeschickt habt. Habe gerade wieder Nachtwache. Wenn Ihr keinen Weihnachtsbaum gehabt habt, war es doch sicher keine richtige Weihnacht gewesen? Habt Ihr meine Pakete schon erhalten? Etwas Neues wird es ja wohl nicht geben? Pflichtschicht & wieder Pflichtschicht? Hier liegt schon ½ mtr. Schnee. Bei Euch wird's ja wohl kaum der Fall sein?

Eure Post erhalte ich wohl alle? Wenn nicht so, wie Ihr sie in Abständen schreibt, einmal 2 Br., 1 x 4 Briefe. Wir Ktbg´er* sind noch alle zusammen.

Dem Heinz werde ich demnächst auch schreiben. Gut, dass Ihr jetzt mit den

Fliegern wenig Last habt. Wir haben hier jetzt ein gutes Soldatenleben.

6 Uhr stehen wir auf & krosen** so den ganzen Tag durch die Gegend. Ich habe mir hier ein sehr schönes Andenken gemacht. Einen Spazierstock, aber eine Schnitzarbeit, einmalig. Vielleicht kann ich den auf Urlaub mitbekommen?

Wenn ich die Pfeife bekomme, kann ich auch den Tabak aufbrauchen. Ich habe schon einige Pakete. Ab & zu gehen wir hier ins Kino.

Es soll nun für heute Schluss sein. Es grüßt Euch herzlichst, Euer Sohn Herbert

08.01.1944

Stempel: 9.1.44

Angekommen: 16.1.44

8.1.

Liebe Eltern!

Wieder erhielt ich vom 8.1. Post von Euch. Es geht mir noch sehr gut, was ich auch von Euch hoffe? In Kürze werden wir von unserem jetzigen Standort fortkommmen, wohin wissen wir noch nicht? Pakete braucht Ihr nicht mehr schicken.

Ich bin bloß froh, wenn ich das ersehnte Paket erhalte??? Ihr hofft alle, dass ich 1944 in Urlaub komme. Ich sehe sehr schwarz? Werde aber den Kopf nicht hängen lassen. Ich tue bei den Soldaten genauso meine Pflicht, wie zuhause. Bis jetzt bin ich noch mit allen Bekannten zusammen. Wer weiß aber wie lange? Ich habe mir den Winter in Russland doch ein bisschen anders vorgestellt. Es liegt hier wohl sehr viel Schnee, aber kalt ist es noch nicht für Russland. Naja, der Winter ist ja noch nicht vorüber. Lieber wäre ich jetzt zuhause. Auf mich könnt Ihr Euch aber verlassen. Ich tue schon mein Möglichstes. Ob ich jetzt alle Post noch von Euch erhalte, ist fraglich, ich werde wohl eine andere Nr. erhalten. Wenn ich das Paket erhalten habe, werde ich sofort schreiben.

Seid nun für heute recht herzlichst gegrüßt von Eurem Sohn Herbert

Liebe Eltern!

Nun schreibe ich aus einem anderen
Teil Rußlands. Vom 15. - 18.1.
sind wir gefahren. Mittags sind
wir in Minsk angekommen. Da
sind wir durch die Stadt marschiert.
Die Stadt hat es mir besser gefallen,
wie Essen. Es waren viel Sehenswürdigkeiten vorhanden. Von Minsk
aus sind wir 40 klm zu einem
anderen Dorf marschiert, wo wir
nun, wie man sagt Privatquartier
bezogen haben. Liegen in einer
Panjerütte, wo wir wahrscheinlich
2 Monate hier bleiben. In Malowitschi unser Dorf, sind wir im
Partisaneneinsatz, wo es nun eine
kl. Feuertaufe erhalten werden.

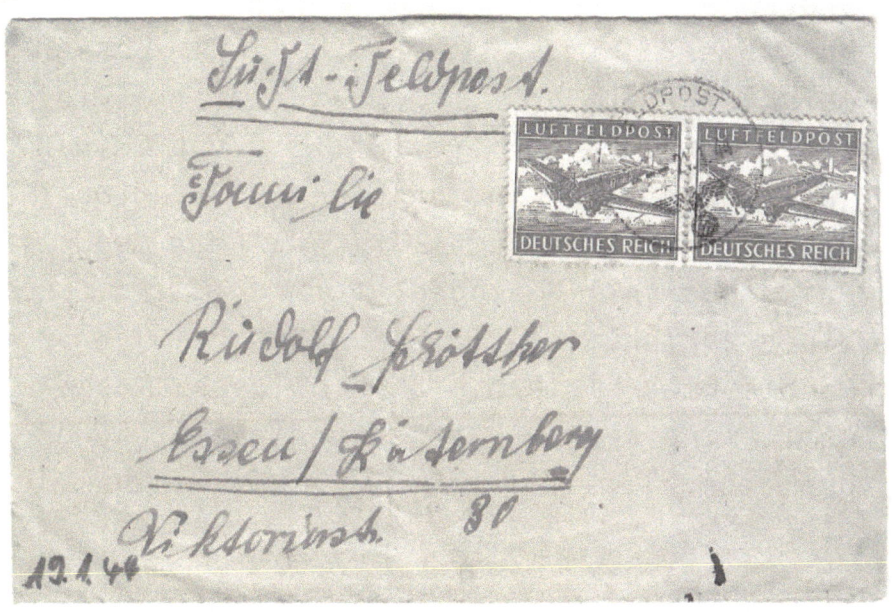

19.01.1944

                    Stempel: 21.1.44

Osten, den 19.1.44

Liebe Eltern!

Nun schreibe ich aus einer anderen Ecke
Russlands. Vom 15. - 18.1. sind wir
gefahren. Mittags sind wir in Minsk

angekommen, da sind wir durch die Stadt marschiert. Die Stadt hat mir besser gefallen wie Essen. Es waren viel Sehenswürdigkeiten vorhanden. Von Minsk aus sind wir 40 Min. zu einem anderen Dorf marschiert, wo wir ein, wie man sagt, Privatquartier bezogen haben. Liegen in einer Panjehütte*, wo wir wahrscheinlich 2 Monate hier bleiben. In Malowitschi, unser Dorf, sind wir im Partisaneneinsatz, wo es nun eine kl. Feuertaufe erhalten werden.

Euer Paket werdet Ihr wohl sicher zurück bekommen. Nach diesen 2 Monaten werden wir in eine neue Ecke kommen. Jedenfalls Urlaub fällt immer noch flach? Die ersten 5-6 Wochen werde ich wohl keine Post mehr erhalten. Schreibt bitte sofort, wenn Ihr meinen Brief erhaltet.

Sollte ich noch auf Urlaub kommen, kann ich mich mit Onkel Ernst gut russisch unterhalten. Habe bald kein Schreibpapier mehr zu schreiben.

Will nun jetzt ins Bett gehen. Seid recht

herzlichst gegrüßt

von Eurem Sohn Herbert

Abs.: Soldat Herbert Schöttker

Feldpostn. 44618.B.

* aus dem Russischen für einfache
Bauernhütte

22.1.44

Liebe Eltern!

Möchte Euch wieder ein paar
Zeilen schreiben. Es geht
mir sehr gut, was ich auch von
Euch hoffe? Der Dienst ist dudel-
los. Um 6 Uhr stehen wir auf,
essen unser Frühstück, dann werden
½ Ztr. Nüsse geknackt. Ein bischen
Holzhacken, Mittagessen, Am
Nachmittag wird gelesen, wieder
gegessen & schon küscht man
ins Bett. So vergeht ein Tag wie
der andere. Lange auch bleiben ist
hier keinen Spaß, weil kein
elektr. Licht vorhanden ist. Habt
Ihr meine 2 Pakete schon erhalten?
Ist Euer Paket schon zurückgekommen? Nicht bitte vorläufig noch nicht's. Richtig
kalt ist es hier noch nicht

22.01.1944

Stempel: 27.1.44

Liebe Eltern!

Möchte Euch wieder ein paar Zeilen schreiben. Es geht mir sehr gut, was ich auch von Euch hoffe? Der Dienst ist tadellos. Um 6 Uhr stehen wir auf, essen unser Frühstück, dann werden ½ Std. Läuse geknackt. Ein bisschen Holz hacken, Mittagessen. Am Nachmittag wird gelesen, wieder gegessen & schon huscht man ins Bett. So vergeht ein Tag wie der andere. Lange aufbleiben hat hier keinen Zweck, weil kein elektr. Licht vorhanden ist. Habt Ihr meine 2 Pakete schon erhalten? Ist Euer Paket schon zurückgekommen? Schickt bitte vorläufig noch nichts. Richtig kalt ist es hier noch nicht geworden. Sollte ich mal in Urlaub kommen, werde ich mir die nötigen Sachen mitnehmen.

Neues gibt es bei Euch wohl nicht? Was macht der Tommi? Die Russen, die in unserem Hause wohnen, müssen alles für uns machen. Wenn wir aufstehen, steht unser Waschwasser, der Ofen ist an & Kaffee ist fertig.

Demnächst kann Vater mal einen gr. Kuvert mit Schreibpapier schicken. Es ist schlecht mit Schreibmaterial bestellt. Vor allen Dingen Kuverts.

Seid nun für heute recht herzlichst gegrüßt von Eurem Sohn Herbert

18.2.

Liebe Eltern!

Bin immer noch vom 16. auf Reise. Jetzt haben wir uns gerade für 1 Nacht neu wunderbar einquartiert. Nach langer Zeit sitzen wir mal wieder beim elektr. Licht. Wenn wir zu unserem Bestimmungsort angekommen sind, werden wir uns dort einmisten sofort schreiben. Vielleicht könnt Ihr wieder die Feldpostnr. 40004 C schreiben. Ein Bauerwarenpaket mit 300 Zigaretten, sind wieder unterwegs. Brief vom 9.2 habe ich heute erhalten. Die Hauptsache ist, daß es Euch noch gut geht.

Es grüßt nun für heute herzlichst Euer ...

18.02.1944

Stempel: 22.2.44

Abs.: Soldat Herbert
Schöttker

Z.Z. Auf
Marsch

18.2.

Liebe Eltern!

Bin immer noch vom 16. auf Reise. Jetzt haben wir uns gerade für 1 Nacht wunderbar einquartiert. Nach langer Zeit sitzen wir mal wieder beim elektr. Licht. Wenn wir zu unserem Bestimmungsort angekommen sind, werden wir uns dort einnisten & sofort schreiben. Vielleicht könnt Ihr wieder die Feldpostn. 40604.C schreiben.

Ein Rauchwarenpaket mit 300 Zigaretten sind wieder unterwegs. 1 Brief vom 9.2. habe ich dankend erhalten. Die Hauptsache ist, dass es Euch noch gut geht.

Es grüßt nun für heute herzlichst

Euer Herbert

16.3.44.

Liebe Eltern!

Heute am 15.3 habe ich eure
2 Briefe vom 3+5. erhalten. Ich war
froh, wieder von euch Post zu
erhalten. Ihr habe wohl wieder vergangen, wo ich die letzte Post
erhielt. Ist Rudi nun am
15.3. gekommen? Wir haben
hier jetzt tadelloses Wetter.
Die Sonne scheint von früh
bis spät. Aber ein Sturm
ist hier, einfach verheerend.
Auch das geht vorüber. Bei euch
wird wohl der Frühling jetzt
auch einziehen? Gerade erhalte
ich euren Brief vom 9.3. Wenn
Ihr mal sehen würdet, wie
ich hier esse, würdet Ihr bestimmt Augen machen.

16.03.1944

Stempel: 19.3.44

Angekommen: 24.3.44

16.3.44

Liebe Eltern!

Heute, am 15.3. habe ich Eure 2 Briefe vom 3.+5. erhalten. Ich war froh, wieder von Euch Post zu erhalten. 1 Woche war wieder vergangen, wo ich die letzte Post erhielt. Ist Rudi nun am 15.3. gekommen? Wir haben hier jetzt tadelloses Wetter. Die Sonne scheint von früh bis spät. Aber ein Schlamm ist hier, einfach verheerend. Auch das geht vorüber.

Bei Euch wird wohl der Frühling jetzt auch einziehen? Gerade erhalte ich Euren Brief vom 2.3. Wenn Ihr mal sehen würdet, wie ich hier esse, würdet Ihr bestimmt Augen machen.

Fast jeden Abend werden 1 paar Eier in die Pfanne geschlagen. Mitunter 4-5 Stück. Vor 3 Tagen habe ich noch 1 Klgr. Butter organisiert. Aber einen Eierlikör habe ich mir gemacht, so etwas gibt es nicht zuhause in einer feinen Wirtschaft. ¼ ltr. Schnaps,

12 Eier mit Zucker geschlagen. Wenn ich Urlaub habe, möchte ich ihn gerne mitbringen. 3 ltr. Schnaps habe ich schon dafür gespart. Habe wieder 2 Päckchenmarken bekommen, die hier beiliegen.

Wie ist die Konfirmationsfeier bei Euch ausgefallen? Da hats doch sicher viel Kuchen gegeben. Alte Kameraden habe ich hier nicht angetroffen von der früheren Einheit. Ein Kamerad liegt noch hier, der wohnt in Schonnebeck, den kannte ich schon früher.

Will nun schließen. Es grüßt vielmals Euer Sohn Herbert

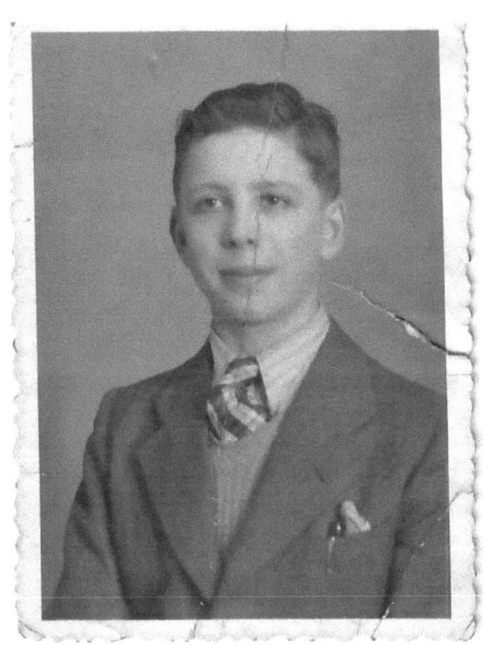

Tronchen (Ostpreußen.) 2/7.44.

Liebe Eltern!

Da mein Zug 2 Stunden Verspätung hat, will ich Euch die ersten Grüße aus Deutschland senden. Es ist ja gerade, daß ich in Ostpreußen gelandet bin, aber immerhin besser wie garnichts. Da kann man wirklich mal wieder deutsch sprechen u. nicht immer „Nix ponemaj." Ich glaube wohl, daß ich Seite am 1 Juli kaum etwas gemeinschaftlich mit Euch habe. Wie Ihr oft, so sitze ich vor Radio, u. höre das Stück teurer, mit einem teils Wehmühler. Ich fahre um 17.⁰⁰ weiter nach Pr. Eylau, das liegt 30 klm. südlich Königsberg. Wie geht Euch es noch, ich kann wohl das beste hoffen, wie Ihr es auch von mir kennt. Neues gibts wohl kaum. Wollen das beste hoffen, daß ich bald wieder einen Brief von Euch in Empfang nehmen kann. J. Monat ist nun wieder ins post vergangen. Aber der Monat gewöhnt sich ein, u. Ehe. Diesmal habe ichs mit einer Briefmarke frankiert. Die Marke ist V schon mit durch Rußland gewandert. Meine Fahrt ging vom 24.6 los, von Witebsk,

02.07.1944   Stempel: 3.7.44
        Absender: Soldat Herbert Schöttker

Genesungskp. Gr. Ers. Btl. 301
(5b) Pr. Eylau (Ostpreußen)

Korschen (Ostpreußen)   2/7.44

Liebe Eltern!

Da mein Zug 2 Stunden Verspätung hat, will
ich Euch die ersten Grüße aus Deutschland
senden. Es ist ja schade, dass ich in
Ostpreußen gelandet bin, aber immerhin
besser als gar nichts, da kann man wirklich
mal wieder deutsch sprechen & nicht immer
„Nix panemaju". Ich glaube wohl, dass ich
heute am 1. Juli Sonntag etwas
Gemeinschaftliches mit Euch habe? Wie Ihr
oft, so sitze ich am Radio & höre das
Volkskonzert, mit einem ½ ltr. Wicküler*.
Ich fahre um 17.00 Uhr wieder nach Pr.
Eylau, das liegt 30 km südlich Königsberg.
Wie geht's Euch sonst noch, ich kann wohl
das Beste hoffen, wie Ihr es auch von mir
könnt. Neues gibt's wohl kaum. Wollen das
Beste hoffen, dass ich bald wieder einen
Brief von Euch in Empfang nehmen kann. 1
Monat ist nun wieder ohne Post vergangen.
Aber der Mensch gewöhnt sich an alles.

Diesmal habe ich mit einer Briefmarke frankiert, die Marke ist schon durch Russland gewandert. Meine Fahrt ging am 24.6. los, von Witebsk über Moladetschno, Wilna, Grochno bis Warschau & dann kam der Knall wo sie ihn verließen. Was ich noch schreiben wollte, ich bin mal durch Warschau getippelt, aber was ich da gesehen habe, auf der Straße liefen die Leute rum, mit Erdbeeren, Kirschen, aber alles solche Sachen, was das Herz begehrt. Aber da muss schon einer zuhause eine Geldmaschine haben, wenn man das bezahlen will.

Will Euch nun etwas sagen, 1 Schnapsglas voll einfachem Selterswasser kostet sage & schreibe eine Mark.

Will nun für heute schließen, denn mir ist das Essen schon vorgestellt worden, was bestimmt nicht so viel kostet. Morgen früh werde ich Euch meine genaue Anschrift schreiben.

Verbleibe nun für heute mit herzlichen Grüßen Euer Herbert

*Biermarke

2/7.

Liebe Eltern!

Es ist der 2. Brief, den ich Euch heute am Sonntag schreibe. Es sollen keine gr.

Zeilen sein, denn ich möchte Euch nur meine Adr. mitteilen. Es ist folgendes.

Soldat Herbert Schöttker, Genesungskp. Gr. Ers. Btl. 301. Pr. Eylau (Ostpreußen)

Es grüßt nun herzlichst Euer Herbert

1)

5/8.

Liebe Eltern

Bin gut wieder in Pr. Eylau angekommen. Habe noch Freitag bis 0⁴⁵ auf den Zug warten müssen, u bin dann um 10 Uhr abends in meiner Kaserne angekommen. Ich habe wenigstens Glück gehabt, u konnte die ganze Zeit sitzen. Aber wunderbar ausgelastet. Jetzt wird wieder auf den nächsten Urlaub gewartet. Der wird das nächste Jahr in ...

[envelope overlay:]

Feldpost

Familie
Rudolf ...
13.8.44

(22) Essen / Katernberg
... 30.

5.8.44

PREUSSISCH ...
0 . 8.44

54

05.08.1944

Stempel: 5.8.44

Angekommen: 13.8.44

5/8.

Liebe Eltern

Bin gut wieder in Pr. Eylau angekommen.
Habe noch Freitag bis 0.15 Uhr auf den Zug
warten müssen & bin dann um 10 Uhr abends
in meiner Kaserne angekommen. Ich habe
wenigstens Glück gehabt & konnte die ganze
Zeit sitzen. Aber wunderbar gepolstert.
Jetzt wird wieder auf den nächsten Urlaub
gewartet, der wohl das nächste Jahr in
Kraft tritt? Sollte ich zuhause noch Post
bekommen, bitte nachschicken. Sind die
Bilder etwas geworden. Habe noch dieselbe
Adresse wie´s letzte Mal. Das Wetter ist
hier wunderbar. Alarm haben wir noch keinen
gehabt.
Die Bilder werdet Ihr doch wohl auf dem
Rauchtisch stehen lassen.

Für heute seid nun gegrüßt von Eurem
Herbert

Emil Henning war der Sohn eines Nachbarn aus dem Neben-
haus von Oma und Opa in der Viktoriastraße in Essen-Katernberg, der ebenfalls in Ostpreußen stationiert war. Von ihm
existiert nur dieser eine Brief, aber auch hier fällt auf, dass
er, im Gegensatz zu Herbert, von Kampfhandlungen
berichtet:

08.08.1944

Stempel: 10.8.44

Absender: Gefr. Emil Henning
An die Einwohner
Essen-Katernberg, Viktoriastraße 30

8.8.1944

Liebe Nachbarn,

aus Ostpreußen, von einem großen verlassenen Hof sende ich Ihnen viele Grüße. Die Strapazen des ersten großen Rückzuges von Mozilew bis Ostpreußen habe ich gut überstanden. Inzwischen bin ich schon wieder mit einer Kampfgruppe nach Litauen gewesen. Leider sind wir auch fast schon wieder aufgerieben. Die Front verläuft hier dicht an der Grenze.

Heute Morgen war ich im Morgennebel noch vorne beim Hauptmann und habe im Graben ein paar Unterschriften geholt. An meinem Geburtstag, am 30.7. bin ich auch wieder gnädig bewahrt worden. Da waren die Panzer durchgebrochen und versperrten mir den Weg. Ich könnte ja so viel berichten. Leider fehlt mir die Zeit und auch oft die Ruhe, da wir die letzten Monate fast immer auf den Rollbahnen lagen. Ihnen allen recht herzliche Grüße und Gott befohlen.

Ihr Emil Henning

11/5.

<u>Liebe Eltern!</u>

... daß es Euch noch recht gut geht,
und ich euch von mir schreiben
kann. Heute komme ich zur
... während ... 10 m. von unserem
jetzigen Block. Habt Ihr meine
Bilder schon abgeholt? Ich bin mal
gespannt, wie lange ich noch hier
bleibe. Das Essen ist hier sehr gut.
... Die ... für die ...
... Aber ihnen haben sicher ...
... Gebe zu verschlingen.
... ist noch sehr schön hier.

Es grüßt ... für heute

Euer ...

Herbert.

11.08.1944

Stempel: 12.8.44

Abs.: Sold. Herb. Schöttker

Marschkp. Gr. Ers. Batl. 301
Pr. Eylau (5b)

Liebe Eltern!

Hoffe, dass es Euch noch recht gut geht, was ich auch von mir schreiben kann. Heute komm ich zur anderen Kompanie 10 m. von unserem jetzigen Block.

Habt Ihr meine Bilder schon abgeholt?

Ich bin mal gespannt, wie lange ich noch hier bleibe? Das Essen ist hier sehr gut. Die Marken für die Führerpakete erhalte ich morgen. Die Herren haben sicher geschafft sich die schöne Gabe zu verschlingen. Aber ich habe ihn schon geholfen. Das Wetter ist noch sehr schön hier.

Es grüßt Euch nun für heute
Euer Sohn Herbert

Ihr Lieben! 15/8.

Nach meinem 4 wöchigen Urlaub bin ich nun wieder zu meiner Truppe zurück gekehrt, e hoffe noch einige Zeit in Ruhestellung bleiben zu können. Hoffe, daß es euch noch recht gut geht, wenn ich euch nur mit schreiben kann. Wie geht es dem Heinz liegt er immer noch in Le Havre? Wir haben hier ein sehr schönes Wetter, e können den Sommer riesig genießen. Wenn der Krieg nun bald aus ist, werde ich es nicht versäumen, euch einen Besuch abzustatten. Für heute verbleibe ich mit herzlichen Grüßen Euer Herbert.

15.08.1944

Stempel: 16.8.44

Familie Heinrich Hoche Oldenburg

Abs.: Soldat Herb. Schöttker

Oldenburg i./ Oldbg. Marschkp. Gr. Ers.
Batl. 301

Nedderend 15 , Pr. Eylau (5b)

15.8.

Ihr Lieben!

Nach meinem 4 wöchigen Urlaub bin ich nun
wieder zu meiner Truppe zurück gekehrt &
hoffe noch einige Zeit in Ruhestellung
bleiben zu können. Hoffe, dass es Euch noch
recht gut geht, was ich auch von mir
schreiben kann.

Wie geht es denn Heinz, liegt er immer noch in LeHavre?

Wir haben hier ein sehr schönes Wetter & können den Sommer richtig genießen. Wenn der Krieg nun bald aus ist, werde ich es nicht versäumen, Euch einen Besuch abzustatten.

Für heute verbleibe ich mit herzlichen Grüßen

Euer Herbert

16.08.1944

Stempel: 17.8.44

Absender: Soldat Herb. Schöttker

Marschkp. Gr. Ers. Batl. 301
Pr. Eylau (5b)

16./8.

Liebe Eltern!
Heute erhielt ich Euren 1. Brief vom 10.8.
Liege immer noch in Eylau. Hoffentlich
noch lange? Dieses Mal war ich ja mehr auf
dem (Draht) wie sonst, sonst wäre ich
nämlich schon lange weg. Ich glaube wohl,
dass sich diesmal mein Funkschein, den ich
vor längerer Zeit gemacht habe, zur Geltung
kommt? Sonst geht es mir noch gut. Wenn
Ihr die Marken & die 50,- RM erhalten habt,
schreibt bitte.

Nun grüßt Euch herzlich
Euer Herbert

Ihr Lieben!

Wie Ihr nun seht, bin ich wieder ... Ich habe mich dabei gut erholt. Mache hier einen Kursus im Funken mit. Diesesmal bin ich ja nun besser auf dem ... wie sonst. Sonst geht mir noch gut ... was ich euch ... Euch hoffe ... Habt Ihr die Bilder schon ... Jetzt können wir euch mal wieder vernünftig ausgeben. Hier ist noch was los. Mal sehen wie lange es ... hier aushalte? Nun könnt Ihr ... neue Adr. im ... nehmen.

Nun seid gegr. von Eurem

Herbert.

18.08.1944
Stempel: 19.8.44

Angekommen: 22.8.44
Abs.: Soldat Herbert Schöttker
Inf. Nachr. Marschkp. 1
Königsberg / Pr. (5b) Croeuzerallee

Ihr Lieben! 18./8.

Wie Ihr nun seht, bin ich wieder versetzt. Ich habe mich dabei gut verbessert. Mache hier einen Kursus im Trinken mit. Dieses Mal bin ich ja nun besser auf dem Draht wie sonst. Sonst geht's mir noch gut, was ich auch von Euch hoffe.

Habt Ihr die Bilder schon abgeholt. Jetzt können wir auch mal wieder vernünftig ausgehen. Hier ist noch was los. Mal sehen, wie lange ich es hier aushalte? Nun könnt Ihr die neue Adr. in Gebrauch nehmen.

Nun seid gegr.
von Eurem Herbert

02.09.1944

Ostpr. 2.9.1944

Liebe Eltern & Bruder!

Gut gegessen; gut gelaunt. So möchte ich Euch heute einige Zeilen schreiben. Mir geht es noch sehr gut, was ich wohl auch von Euch hoffen kann? Ich hörte kürzlich im Radio, dass Gelsenkirchen einen Fliegerangriff mitgemacht hat. Hoffentlich ist Euch nichts passiert? Denn bis jetzt habt Ihr ja noch Glück gehabt. Bald kann ich wohl auch von Euch Post in Empfang nehmen, denn man möchte doch gerne wissen, was es Neues bei Euch gibt.

Das Wetter ist hier verhältnismäßig milde für die jetzige Zeit. Wie ist das Wetter denn bei Euch? Hier gibt es nun noch kaum Flieger zu sehen, wo der Russe wieder zurückgeschlagen wurde. Wir leben hier einen herrlichen Tag. Ich habe im Leben noch nicht so viel Schweinefleisch gegessen, wie jetzt in den letzten 3 Wochen. Bei Euch sind solche Artikel ja sehr rar. Aber wir nehmen die Zeiten mit, wie sie kommen. Ich wiege jetzt sage und schreibe 151 Pfd. Könnt Ihr Euch so etwas überhaupt vorstellen? Ich mache hier eine richtige

Kur mit. Wir haben hier einen gr. Kessel voll Sülze stehen, wo wir nur die beste Sahnemilch bei trinken, Brot kennen wir fast gar nicht mehr. Ich mache mir schon immer die letzten Tage Pfannekuchen mit Milchsuppe. Ich habe noch so etwa 2-3 Pfd. Schmalz & 1 Pfd. Leberwurst, die ich für andere Zeiten aufbewahre. Drum macht Euch jetzt keine Sorgen, Euer Sohn ist schon richtig untergebracht.

Euer Tageslauf ist wohl immer noch derselbe geblieben? Habt Ihr das Paketchen aus Königsberg erhalten? Unsere jetzige Einheit wird vielleicht in nächste Zeit wieder zurückverlegt. Es ist aber noch nichts Bestimmtes. Ich werde nun langsam zur Ruhe gehen, Es ist gerad ½ 1 Uhr.

Seid für heute recht herzlichst gegrüßt von Eurem Sohn & Bruder

Herbert

Was machen die Bilder?

04.09.1944

Stempel: 5.10.44

Abs.: Soldat H. Schöttker

Inf. Nachr. Aubild.kp. 1

(5b) Königsbg. / Pr., Croezerallee

4.9.1944

Liebe Eltern & Bruder!

Möchte Euch heute wieder einige Zeilen schreiben. Hoffe, dass es Euch noch recht gut geht, was ich auch von mir schreiben kann. Hocherfreut nahm ich gestern Euren lb. Brief mit den fünfzig RM.in Empfang. Es fühlt sich doch ganz anders, wenn man mit einem anderen Portemonnaie ausgehen kann, als wenn man den Inhalt suchen muss. Gestern habe ich mir für den Rest der Karten 2 - 1 Pfd. Weißbrote geholt, dazu die nötige Wurst & Butter. Man kann es doch gut merken, wenn man als Zusatz immer sein Teil mehr verzehren kann.

Das Wetter ist schon sehr winterlich & wir können schon gut den Mantel gebrauchen. Die Uhr habe ich noch nicht abgeschickt, ich werde noch einmal sehen, ob ich sie nicht doch noch machen lassen kann. Sonst geht bei mir noch alles den geregelten Gang. Bei Euch wird's wohl nichts Neues geben? Wie ist es mit der Fahrt zum Kasper geworden?

Will nun für heute schließen, seid recht herzlich gegrüßt von

Eurem Herbert

Litauen. d. 13.8.44.

Liebe Eltern u Brüder!

Mit einem guten Rück bin ich nun in Litauen gelandet. Wir können aber noch einige Kirchtürme von Deutschld sehen. Wir sind nun einer Völkermisier zugeteilt. Wir haben hier regen für Fliegerbetrieb. Bei Euch wird das wohl der Fall sein. Wie lange wir noch hier bleiben, weiß ich nicht, denn es kommen noch einzelne deutsche Soldaten. Einige gehen weiter, ist der Treu, der die ganze Nacht seine Ruhe hat. Bei Euch ist das wohl noch alles in Ordnung? Wir liegen

13.10.1944

Litauen, den. 13.10.44

Liebe Eltern & Bruder!

Mit einem guten Ruck bin ich nun in Litauen gelandet. Wir können aber noch einige Kirchtürme von Deutschland sehen. Wir sind nun einer Volksdivision zugeteilt. Wir haben hier regen Fliegerbetrieb. Bei Euch wird das ja wohl auch der Fall sein. Wie lange wir noch hierbleiben, weiß ich nicht, denn es kommen noch eine Anzahl Soldaten. Einige Kilom. weiter ist der Ivan, der die ganze Nacht keine Ruhe hat.

Bei Euch ist wohl noch alles in Ordnung? Wir liegen hier in einer Scheune, wir haben es uns aber wohnlich eingerichtet. Ob wir noch so lange hierbleiben, dass ich Eure Post in Empfang nehmen kann, weiß ich nicht, aber versuchen könnt Ihr ja einmal.

Wir haben nun gleich Antreten & will nun für heute schließen.

Es grüßt recht herzlichst

Euer Sohn & Bruder Herbert

„Adolf Hitler war der größte Verbrecher aller Zeiten!"

Obwohl es Jahrzehnte her ist, kann ich mich an diesen Satz aus dem Mund meines Großvaters gut erinnern. Ich glaube er hat ihn in meiner Gegenwart mehr als einmal formuliert. Diese Einstellung kann natürlich der Tatsache geschuldet sein, dass der Opa seinen ältesten Sohn, der allem Anschein nach auch sein Lieblingssohn gewesen ist, in Hitlers Krieg verloren hat. Nach allen anderen Erinnerungen, Ereignissen, Gesprächsfetzen aus der damaligen Zeit komme ich aber zu dem Schluss, dass weder Oma und Opa noch ihr Sohn Herbert Anhänger der Nazionalsozialistischen Ideologie gewesen sind. Kein einziges Wort, kein Satz und keine Bemerkung haben jemals darauf hingedeutet. Zu Beginn hat man möglicherweise daran geglaubt, dass der Krieg eine vorübergehende Sache war, die sehr schnell mit einem deutschen Sieg enden würde. Kaum jemand, der über Jahre hinweg durch Zeitungen und Rundfunk einer Dauerpropaganda ausgesetzt ist, bleibt davon völlig unbeeinflusst.

So ist vermutlich, so lese ich es aus seinen anfänglichen Briefen, auch Onkel Herbert relativ frohen Mutes zu den Soldaten gegangen, was schließlich seine vaterländische Pflicht war. Dass er in seinen späteren Briefen von der Front kaum ein Wort über Angst, Entbehrungen und Tod verliert, interpretiere ich als Rücksichtnahme gegenüber den Eltern und vor allem der Mutter. Andererseits glaube ich herauszulesen, dass die meiste Zeit von Herberts Kriegseinsatz aus Warten, Vorrücken, Rückzug und Ortswechseln bestand. Das hat ihn und viele seiner Kameraden leider nicht davor bewahrt, in einem längst verlorenen Krieg einer der sinnlosen *Bis-zur-letzten-Patrone-Parolen* Hitlers zum Opfer zu fallen.

„Mir geht es noch ganz gut, was ich auch von Euch hoffe" wird in Herberts Briefen zu seiner persönlichen Floskel, die das winzige Flämmchen der Hoffnung so lange wie möglich nährt, während die Welt dem Untergang entgegentreibt.

Liebe Eltern!

Es ist nun bitter früh, wie ich diesen Brief schreibe. Ein Urlauber nimmt mir heute diesen Brief mit nach Hause. Mir geht es noch recht gut, so wie ich es auch von Euch hoffen kann. Heute Abend wird bei uns wieder eine ... Feier gemacht. Es gab man Euch gestern ... ... , einige Zigaretten. ... haben wir wieder elektr. Licht auf unserem Gut, dazu ein schönes Radio ... ... Das ... die Flieger bei Euch? Wie ich jetzt höre, sollt Ihr am 25.V. wieder einen Angriff überstanden.

05.11.1944

Stempel: 15.11.44

Absender: Soldat H. Schöttker

Stabskomp. Landesschützen Wach Btl. I

Auerfluß Post Thalau

über Angerapp (5b Ostpr.)

(5. XI.)

Liebe Eltern!

Es ist nun 6 Uhr früh, wo ich diesen Brief schreibe. Ein Urlauber nimmt mir heute diesen Brief mit nach Essen. Mir geht es noch recht gut, so wie ich es auch von Euch hoffen kann. Heute Abend wird bei uns wieder eine kl. Feier gemacht. Es gab nämlich gestern ½ lt. Schnaps & einige Zigaretten. Nun haben wir wieder elektr. Licht auf unserem Gut, dazu ein schönes Radio dazu, mehr braucht man ja nicht. Was machen die Flieger bei Euch? Wie ich jetzt hörte, habt Ihr am 25.X. wieder einen Angriff ausgestanden.

Wir leben schon 14 Tage wie im Frieden. Fleisch kann ich nicht mehr sehen. Nach den

schweren Tagen sind die uns auch gegönnt.

Will nun für heute schließen & hoffe, dass Euch dieser Brief schnell erreicht.

Viele Grüße von Eurem Sohne Herbert

17.11.44

Liebe Eltern u. Brüder!

möchte Euch nun wieder einige
Zeilen schreiben, Euch wird es hoffentlich noch recht gut gehen, so wie
ich es auch von mir schreiben kann.
Wir liegen immer noch auf dem
herrlichen Gut. Man hört oft, daß
wir umquartieren sollen, aber ich
glaube jetzt nicht eher weg, bis
ich unterwegs bin. Heute wird es
erzählt, morgen so. Nun sorgt
mir bloß mal, wie liegt das, daß
ich keine Post erhalte. 2 Monate
wird es nun her, wo ich die letzte
Post erhielt. Hat der Kurt immer
noch seine alte Adr. Wo liegt
er denn jetzt gegenüber? Denn
ich jetzt so wenig gehört von Kurt

15.11.1944

Abs.: Soldat Herbert Schöttker

Stabskomp. Landesschützen Wach-Btl. I

(5b) Angerapp üb. Insterburg II.

15.11.44

Liebe Eltern & Bruder!

Möchte Euch nun wieder einige Zeilen
schreiben. Euch wird es wohl sicher noch
recht gut gehen, so wie ich es auch von
mir schreiben kann. Wir liegen immer noch
auf dem herrlichen Gut. Man hört oft, dass
wir umquartieren sollen, aber ich glaube
jetzt nicht eher was, bis ich unterwegs
bin. Heute wird so erzählt & morgen so.
Nun sagt mir bloß mal (an?) liegt das, dass
ich keine Post erhalte? 2 Monate sind es
nun her, wo ich die letzte Post erhielt.
Hat der Kurt immer noch seine alte Adr. Wo
liegt er denn jetzt eigentlich? Wenn ich
jetzt so wohlgenährt auf Urlaub fahren
könnte, würdet Ihr bestimmt staunen.
Soviel Fleisch habe ich in 1 - 1½ Jahren
nicht gegessen, wie ich es hier getan habe.
Hier wird nicht nach Gramm gerechnet. Nun
habe ich mir wieder einiges Schreibpapier

angeschafft. Hoffentlich bleiben wir noch lange hier um uns richtig zu erholen. Vielleicht habe ich das Glück, bald von Euch Post in Empfang nehmen zu können.

Soeben erfahre ich, dass wir morgen fortkommen. Wohin ist noch unbekannt. Hoffen wir, dass ich (es)dort wieder gut antreffe? Wartet nun wieder eine neue Adr. ab.

Seid ein recht herzlichen Gruß von Eurem lb. Sohn & Bruder Herbert

23.11.44

Stempel: 26.11.44

Angekommen: 2.12.44
Lit. d. 23.11.44

Ihr Lieben!

Nun bin ich wieder vorne im Einsatz.

Es ist aber ganz ruhig hier. Ich sitze mit noch einem Kameraden im Bunker an unserem Gerät & werden am 30.11.wieder abgelöst.

Ich bin sehr zufrieden hier. Wir haben hier einen schönen großen Bunker, wo insgesamt 4 Mann drin liegen. Ein guter Ofen steht uns zur Verfügung, worauf nun immer geschmort wird.

Wie geht es Euch sonst noch?

Hier können wir Tag & Nacht schlafen, also direkt eine Erholung.

Wenn wir Weihnachten hier verleben können, bin ich sehr zufrieden. Durch das viele hin & her wandern, haben wir keine Weihnachtspäckchenmarken mehr bekommen. Das ist ja auch nicht das Schlimmste. Die Hauptsache ist ja, wenn es Euch & mir immer noch recht gut geht.

Wenn ich zu Weihnachten Post bekomme, bin ich schon sehr zufrieden? Wenn es geht, könnt Ihr ja in Briefen einige Zigaretten beilegen.

Ihr müsst sie nur gut in einem Kuvert verpacken. Die Tage sind nun hier sehr kurz geworden. Um 4 Uhr ist es schon dunkel. Aber kalt ist es hier noch nicht geworden. Wie siehts bei Euch aus? Habt Ihr die Bilder wieder zurückbekommen?

Für heute will ich nun schließen.

Mit besten Grüßen verbleibe ich für heute Euer Sohn & Bruder Herbert

Liebe Mutter, hast Du Deinen Geburtstag gut verlebt?

26.11.

Liebe Eltern u. Brüder!

Da ich nun gerade bei meiner Nachtwache bin, möchte ich es nicht versäumen, wieder ein Lebenszeichen von mir zu geben. Hoffe, daß bei Euch noch alles beim Besten ist, wie bei mir? Wir haben augenblicklich sehr schlechtes Wetter. Es regnet, einmal schneit es wieder, aber es wird langsam Zeit, daß der Frost kommt, damit man wieder einigermaßen gehen kann. Wie sieht es bei Euch aus? Wie sind die Bilder eigentlich von Klinge geworden? Besser wie die von Essen? Habt Ihr denn gerheime Tür von dem, der Euch die Kaninchen gestollen hat? Mit der Fliegerboriest ist immer noch das selbe, alles für den End-sieg. Wie lange dauert eigentlich die Post von hier? Habt Ihr noch nichts ausliches von Onkel Heinrich u. Helmut gehört? Wenn Ihr mal einige Heimatliebe Zeitungen überhabt, könnt Ihr sie mir

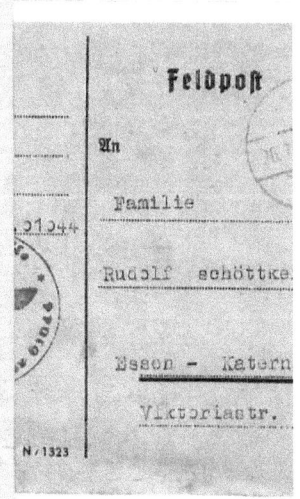

Feldpost

An

Familie

Rudolf Schöttke

Essen - Katern

Viktoriastr.

N/1323

zu schicken. Ich muß nun noch einige Briefe schreiben.

Mit herzlichen Grüßen verbleibe ich für heute

Euer lieber

... u. Bruder

...

26.11.1944

Stempel: 29.11.44

Angekommen: 6.12.44

26.11.

Liebe Eltern & Bruder!

Da ich nun gerade bei meiner Nachtwache bin, möchte ich es nicht versäumen, wieder ein Lebenszeichen von mir zu geben. Hoffe, dass bei Euch noch alles beim Besten ist, wie bei mir? Wir haben augenblicklich sehr schlechtes Wetter. Es regnet, einmal schneit es wieder, aber es wird langsam Zeit, dass der Frost kommt, damit man wieder einigermaßen gehen kann. Wie sieht es bei Euch aus? Wie sind die Bilder eigentlich von Kluge geworden? Besser wie die von Essen? Habt Ihr denn gar keine Spur von dem, der Euch die Kaninchen gestohlen hat? Mit der Pflichtschicht ist immer noch dasselbe, alles für den Endsieg. Wie lange dauert eigentlich die Post von hier? Habt Ihr noch nichts amtliches von Onkel Heinrich & Helmut gehört?

Wenn Ihr mal einige heimatliche Zeitungen über habt, könnt Ihr sie mir ja schicken. Ich muss nun noch einige Briefe schreiben.

Mit herzlichen Grüßen verbleibe ich für heute Euer lieber Sohn und Bruder Herbert

30.11.1944

Stempel: 2.12.44

Angekommen: 18.12.44

Im Felde, den 30.11.44

Liebe Eltern & Bruder!

Wiederum möchte ich Euch einige Zeilen schreiben. Wie immer geht es mir noch recht gut, so wie ich es auch von Euch hoffe? Bei uns ist immer noch dasselbe, man verlebt seinen Tag einer wie der andere. Jetzt wo die Tage so kurz sind, geht man am besten früh schlafen. Denn schlafen kommt beim <u>Komiß</u> an letzter Stelle, gerade Vorne. Mein schöner Vorrat, den ich bisher an Fett noch hatte, ist nun leider zu Ende.

Nun heißt es wieder mit dem wirtschaften, was man bekommt.

Ihr wisst ja, was ich immer für einen gesegneten Appetit habe. Da ist es für mich besonders schwierig. Das Wetter scheint sich wohl hier auch zu ändern, es kommt nun der langersehnte Frost. Wie sieht es denn bei Euch aus? Bald müsst Ihr Euch wohl nach einem Weihnachtsbaum umsehen. Ich habe nur einen Wunsch zu Weihnachten, die feierlichen Tage in aller Ruhe zu verleben. Aber wer weiß, wo man Weihnachten schon sein kann?

Nun wo unsere Kerze auch zur Neige geht, muss ich für heute schließen.

Seid recht vielmals gegrüßt von
Eurem Sohn & Bruder Herbert

1.12.1944

Stempel: 7.12.44

Angekommen: 18.12.44

(Ostpr. den 1.12.44)

Liebe Eltern & Bruder!

Heute erhielt ich Eure Briefe vom 3. - 13.
+ 17.11. des Monats, die zwar noch von den
Landesschützen waren, aber immerhin ein
erfreuliches Lebenszeichen mitbrachten.
Nun habe ich auch die Bilder erhalten, 1
Familien = & 2 eigene Postkarten. Ich habe
mich sehr darüber gefreut.

Dann wird es ja wohl bald mit der Post
klappen? Es wird auch mal die höchste Zeit.
Mir geht es noch recht gut, wie ich es wohl
auch von Euch hoffen kann. Kam die
Nachricht von England, die Onkel Heinrich
schrieb? Hat Tante Grete denn immer noch
keine amtliche Nachricht vom Helmut? Aber
dass der Fritz Tiefensee immer noch keinen
Urlaub erhalten hat, ist ja sonderbar.

Dann hat der Tommi ja ganz nett bei Euch
gehaust, wie man so liest. Solange wie aber
nur die Fensterscheiben & Dachziegel
wandern gehen, dann geht's noch immer. Bei
uns hier ist nich anders. Auf einer höchst

Entfernung von unserem Hause bis *Bergforth**, liegt auf der einen Seite der Ivan, aber wenn Ihr mal sehen würdet, mit was für einer gr. Ruhe wir des Nachts schlafen, die könnten uns herausholen ohne dass wir es merken. Gehen wir aus unserem Bunker, sausen uns die Kugeln um die Ohren. Also gemütlich ist es hier gerade auch nicht. Nur Glück muss der Mensch haben.

So verbleibe ich für heute mit besten Grüßen, Euer Sohn & Bruder Herbert

* damals Gaststätte in Essen-Katernberg

Ihr Lieben!

Anläßlich der bevorstehenden
6. Kriegsweihnacht sende ich Euch aus
dem Felde die besten & gesegnesten
Weihnachtsgrüße. Es ist nun die
2. Weihnacht, die ich nicht unter Euch
weilen kann. Hoffen wir daß wir
wenigstens in aller Ruhe dieses
göttliche Fest genießen können. In
ganzes Jahr hat uns Gott durch
viele Gefahren hindurchgeholfen,
und hoffen, daß er auch im
nächsten Jahr Unser gedenkt. Den
letzte Jahr, war mir noch ein ruhiges
Fest gegönnt, aber nun wo man
nah dem Feinde ist, werden wir den
in einer richtigen Soldatenweihnacht

14.12.1944

Stempel: 15.12.44

Angekommen: 20.12.44

Im Felde, d. 14.12.44

Ihr Lieben!
Anlässlich der diesjährigen 6. Kriegsweihnacht sende ich Euch aus dem Felde die besten & gesegnetsten Weihnachtsgrüße.
Es ist nun die 2. Weihnacht, die ich nicht unter Euch weilen kann. Hoffen wir, dass wir wenigstens in aller Ruhe dieses göttliche Fest genießen können. Ein ganzes Jahr hat uns Gott durch viele Gefahren hindurch geholfen, und hoffen, dass er auch im nächsten Jahr unser gedenkt. Das letzte Jahr war mir noch ein ruhiges Fest gegönnt, aber nun, wo man nah dem Feinde ist, werden wir das in einer richtigen Soldatenweihnacht gestalten. Hoffen wir, dass wir die nächste Weihnacht im Frieden verleben können? Sonst ist hier noch alles beim alten.

In den 3 - 4 Wochen, wo ich nun ein Bunkerleben führe, habe ich mich mal richtig ausgeschlafen. Es ist gerade 2 Uhr nachts, wo ich wieder an Euch denke, wo Ihr vielleicht im Bunker sitzt. Auch (das) geht einmal zu Ende. Hoffentlich sind wir bei den Überlebenden?

Ich weiß, es tut Euch weh, dass Ihr dieses Jahr nicht ohne eine Marke schicken könnt, macht Euch aber keine Sorgen, das werde ich wohl bestimmt nicht alleine sein? Die Hauptsache ist ja, wenn ich immer von Euch Post empfange & lese, dass es Euch noch recht gut geht.

Vor einigen Tagen hörte ich, dass auf der Leitzahl (22) keine Post mehr angenommen wird & und auch keine mehr abgeht, das fehlte gerade noch. Ist das wirklich an dem? 5 Tage habe ich nun keine Post mehr von Euch erhalten.

Vielleicht kommt sie alle auf einmal? So möchte ich für heute schließen, und wünsche Euch noch einmal eine gesegnete frohe Weihnacht.

Euer Sohn und Bruder Herbert

(15.12.1944 ?)

Stempel: 20.12.44

Angekommen: 28.12.44

Liebe Eltern!

Nach langer, wartender Zeit erhielt ich heute drei Briefe auf meiner neuen Adresse. Abgestempelt waren sie vom 3.12. & 5.12. Nun bin ich wieder beruhigt, als ich las, dass es Euch noch recht gut geht, wie ich es auch von mir schreiben kann. Es hat mich sehr gefreut, dass Ihr mir noch eines meiner Bildchen beigelegt habt. Nun hoffe ich bald die kleinen Bildchen in Empfang nehmen zu können? Ich war schon großer Sorge, denn man hörte, dass aus dem Westen überhaupt keine Post mehr kam. Nun hoffe ich, laufend Post von Euch zu empfangen. Es ist ja sehr gut, dass Onkel Heinrich schon geschrieben hat, denn das ist immer noch am *amplichsten* (amtlichsten?). Mit dem Helmut ist immer noch ein Rätsel? Jetzt fehlt bloß noch, dass dem Heinz Hoche etwas zugestoßen ist, dann sind sie bald alle fort.

Der Kurt & ich werden schon den Kopf hochhalten. Mit Euren Briefen erhielt ich einen von der Familie Beyer, die mir schrieb, dass der Kurt auch beim Stab ist, dann kann er sich ja mit mir die Hand reichen, denn ich bin auch beim Stab als Funker. Das ist ein sehr gutes Leben, wenn es ruhig ist. Gibt es aber mal tam tam, dann (taucht) das beste Leben nichts. Habt Ihr die 2 – 100 gr. Päckchen auf die F.P.N. abgeschickt? Wenn die ohne Marken sind, bin ich mal gespannt. Die 2 Kg Päckchenmarke ist auch ein guter Ersatz für die 2 Pfd. Weihnachtsmarken.

Ganz erstaunt war ich, dass der Rudi auf Schacht XII arbeitete & bereits seinen Arbeitsplatz mit dem Schaufeln wechseln muss. Ich bin mal gespannt, wo er hin kommt? Ich habe auch schon viel geschaufelt, aber so, dass ich richtige Arbeiterhände bekam. Aber nicht in Ruhe, denn wenn der Soldat schon seinen Spaten benutzt, hängt es oft vom Leben ab, in wieviel Minuten so ein Schutz geschaffen ist. Oft hat so ein kleines Loch einem schon das Leben gerettet. Jeden Tag höre ich den Wehrmachtsbericht & lese oft von den Bombenangriffen auf „Essen". Hoffentlich habt Ihr weiter solch ein Glück. Wir leben hier im Bunker sehr gut & haben auch bis jetzt noch unsere Ruhe. Ich habe von Königsberg doch mal ein kl. Paket abgeschickt, habt ihr das erhalten? Ihr habt mir das noch gar nicht geschrieben. Nun möchte ich für heute schließen. In der Hoffnung, dass es Euch weiter recht gut geht, verbleibe ich mit besten Grüßen Euer Sohn & Bruder Herbert

Lieber Bruder Rudi!

Für Deinen lieben Brief danke ich bestens. Wie ich gelesen habe, wirst Du auch schon ein junger Soldat, aber mit der Schaufel. Hoffentlich ist der Krieg aber bis dahin aus, dass Du von dem vielen Elend nichts mehr siehst? Ich habe zwar auch nicht gedacht, dass ich in so einer kurzen Zeit auch mal so eingestellt sein könnte. Aber wenn man mit frohem Herzen alles auf sich nimmt, ist es halb so schwer. Wenn Du nun fort kommst zum (schanzen*), schreibe mir bitte Deine Adr. damit ich Dir auch oft schreiben kann.

Es grüßt Dich heute aus weiter Ferne Dein lb. Bruder Herbert

*Verrichtung von Erdarbeiten mit Spaten (beim Militär)

16.12.1944

Stempel: 17.12.44

Angekommen: 28.12.44

Liebe Eltern & Bruder!

Zur neuen Jahreswende möchte ich Euch
einige Zeilen senden.

Hoffe dass es Euch noch recht gut geht,
was ich auch von mir schreiben kann. Kommt
dieses Jahr mit viel Humor & frohem Mut
ins neue Jahr. Wenn uns der Ivan in Ruhe
lässt, wird es bei uns wohl auch mit viel
Soldatenhumor & guter Laune ins neue Jahr
gehen. Denn solche Feste liegen den
Soldaten besonders gut & werden auch
demnach gestaltet. Lieber wäre ich ja bei
Euch, denn da ist es doch immer noch am
schönsten. Wenn man auch solches dem Kriege
anpassen muss. Wir leben hier
augenblicklich in einer ganz ruhigen
Gegend, aber wer weiß, wie lange diese Ruhe
noch andauert? Das letzte Jahr war es
möglich, die Weihnacht & Jahreswende in
einer hinter der Front gelegenen Gegend zu
verbringen, aber nun, wo man auf alles
gefasst sein muss, tritt das Feiern im
Hintergrund. Wie habt Ihr denn die
Weihnacht verlebt? Wir hoffen immer noch,
wo wir nun bevor stehen, dass der Ivan uns
in Ruhe lässt? Soviel Briefe wie ich dieses
Jahr zu Weihnachten schrieb, habe ich schon

lange nicht geschrieben. Post auf meine neue FPN habe ich noch nicht erhalten & bin nun schon bald 4 Wochen hier. 2 Briefe erhielt ich gestern noch von (Schönwall), die mir nachgeschickt wurden. Lege Euch hier eine Päckchenmarke bei, die wir jetzt bekommen haben, die Ihr in 2 kg umsetzen könnt. Solltet Ihr im Radio hören, dass im Norden wieder Angriffe sind, so braucht Ihr noch nicht schicken. Das heißt im Raume von Schloßberg & Tilsit. Wir wollen ja nicht hoffen, dass dieses eintritt. Habt Ihr die meinigen Bilder schon abgeschickt? In der Hoffnung dass Ihr gut ins neue Jahr kommt, verbleibe ich für heute mit herzlichem Prost Neujahr

Euer Herbert   .

Den Hausbewohnern alle ein recht
frohes neues Jahr!

21.12.1944

Ohne Briefumschlag

Ihr Lieben!

Da ich schon wieder 1 Woche keine Post mehr erhalten habe, möchte ich Euch wieder einige Zeilen schreiben. Mir geht es noch sehr gut, was ich auch von Euch allen hoffe, Bei uns wie bei Euch sind nun alle Vorbereitungen für das schöne Weihnachtsfest getroffen. Morgen werde ich einen schönen Weihnachtsbaum holen, damit alles in bester Ordnung geht. Um uns ein gutes Essen zu bereiten, haben mein Kollege & ich noch ½ Dose Schmalz zurückbehalten. Aber alles kann nur dann durchgeführt werden, wenn uns der Ivan in Ruhe lässt? Hoffentlich habt Ihr auch mit den Fliegern über Weihnachten Ruhe? Sonst ist bei mir noch alles in Ordnung...

(*Zeichnungen: Sektflasche und Glücksschwein*)

Und nun möchte ich Euch ein frohes & gesundes Neujahr wünschen.
An diesen Tage gehen alle Gedanken noch

einmal in die Vergangenheit zurück, wo man nur dem Allmächtigen danken kann, für die vielen schweren und gefahrvollen Stunden, dass das Jahr 1944 mitbrachte. Und nun wollen wir alle die schweren Stunden vergessen um mit neuer Kraft und viel Glück dem neuen Jahr entgegen gehen.

Mögen wir Alle weiter das Glück haben & mit großen Schritten im Jahr 1945 dem Siege entgegen zu gehen. So grüße ich Euch als 1. im neuen Jahr mit einem kräftigen

PROST NEUJAHR Euer Sohn Herbert & Bruder

21.12.1944

                    Stempel: 22.12.44

Angekommen: 3.1.45   Im Felde, den 21.12.

Ihr Lieben!

Zwar ist es heute noch nicht Weihnachten, aber bei uns sind wir schon beschert worden. Ich war sehr überrascht, dass es noch so viel im 6. Kriegsjahr gibt. An Sachen bekamen wir ½ Pfd. Schokolade, ein großes Weißbrot (Christstollen mit Rosinen) 1 Pfd. Printen, Lebkuchen, Fruchtstauden, Bonbons, 1 Flasche Schnaps & Wein & 180 Zigaretten, einige Zigarren & sonst noch so allerlei Kleinigkeiten. Wer hätte das gedacht. Ein kleiner Christbaum ist auch zubereitet worden.

So feiern wir Soldaten die Weihnacht im Felde. Wie immer, sind auch dieses Mal alle Gedanken bei Euch Lieben daheim, die nun auch unterm Weihnachtsbaum sitzt & die Weihnachtslieder in Erinnerung habt. Wie gerne ich bei Euch wäre, ist wohl zu denken, leider hat es das Schicksal anders bestimmt. Was gabs denn bei Euch alle zu Weihnachten?

Ihr könnt unbesorgt sein, Euer Herbert wird schon die Weihnacht feiern, so wie sie die Erinnerung von früher zurückruft. Wie immer, so sind auch besonders am Weihnachtstage alle meine Gedanken bei Euch, die Ihr auch die Weihnacht in alter Tradition feiert. So schließe ich für heute mit besten Grüßen

Euer Sohn & Bruder Herbert

25.12.1944

Stempel: 29.12.44

Angekommen: 5.1.45

1. Weihnachtstag 1944

Liebe Eltern!

Heute am heiligen Weihnachtstage, wo alle meine Gedanken bei Euch Lieben daheim sind, möchte ich Euch auch einige Zeilen schreiben.

Ich weiß bestimmt, dass Ihr an diesem Tage auch an mich gedacht habt. Wie herrlich wäre es doch, wäre ich bei Euch gewesen, und hätten zusammen dieses schöne Fest gefeiert. Aber des Schicksals Macht spricht eine härtere Sprache. Vielleicht können wir uns damit trösten, wenn wir uns versprechen, beim nächsten Weihnachtsfest zusammen zu sein? Hoffentlich war der Weihnachtsmann bei Euch recht fleißig mit der Verteilung? Bei uns hat es bestimmt trotz des 6. Kriegsjahres sehr viel gegeben. ½ Pfd. Schokolade, Weihnachtsgebäck, Bonbons und wo ich besonderen Wert (es in?) schon immer drauflegte, Haaröl, Hautcreme & Hautwasser. Neben diesen Sachen hätte ich ja gerne noch Post gehabt, aber die Bahn lässt wieder lange auf sich warten. So oft bekommen wir von vielen Seiten noch kl. Päckchen mit gutem Inhalt. Nicht zu vergessen ist auch, dass wir über 100 Zigaretten & Schnaps bekamen. Die Mitternachtsstunde hat schon geschlagen, wo ich Euch diesen Brief schreibe. Bis 24 Uhr haben wir alle die schönen Weihnachtslieder gesungen.

Unsere größte Freude bestand ja darin, dass uns der Ivan in aller Ruhe feiern ließ. In der Hoffnung, dass wir uns bald gesund wieder sehen & glücklich ins Neue Jahr kommen, verbleibe ich für heute Euer lieber Sohn Herbert

Von Rudi bekam ich auch schon einen Brief, den gleich beantwortete.

Den Brief mit den 3 kl. Bildern habe ich dankend erhalten & warte nun auf die anderen.

Rekruten mein „Schanzen"

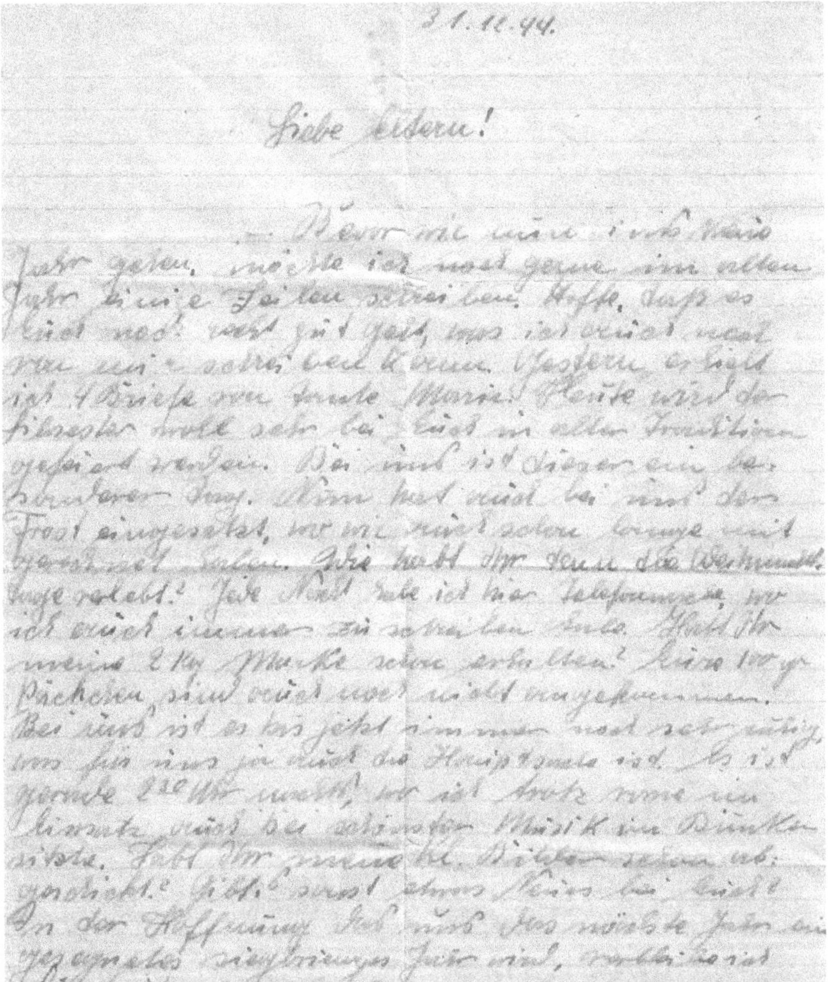

31.11.44.

Liebe Eltern!

... [illegible handwritten letter, largely unreadable]

Herbert.

31.12.1944

Ohne Umschlag

31.12.44

Liebe Eltern!

Bevor wir nun ins neue Jahr gehen, möchte ich noch gerne im alten Jahr einige Zeilen schreiben. Hoffe, dass es Euch noch recht gut geht, was ich auch noch von mir schreiben kann. Gestern erhielt ich 4 Briefe von Tante Maria. Heute wird der Silvester wohl sehr bei Euch in alter Tradition gefeiert werden. Bei uns ist dieser ein besonderer Tag. Nun hat auch bei uns der Frost eingesetzt, wo wir auch schon lange mit gerechnet haben. Wie habt Ihr denn die Weihnachtstage verlebt? Jede Nacht habe ich hier Telefonwache, wo ich auch immer zu schreiben habe. Habt Ihr meine 2 kg Marke schon erhalten? Eure 100 gr. Päckchen sind auch noch nicht angekommen. Bei uns ist es bis jetzt immer noch sehr ruhig, was für uns ja auch die Hauptsache ist. Es ist gerade 2.30 Uhr nachts, wo ich trotz vorne im Einsatz, auch bei schönster Musik im Bunker sitze. Habt Ihr meine kl. Bilder schon abgeschickt? Gibts sonst etwas Neues bei Euch?

In der Hoffnung, dass uns das nächste Jahr

ein gesegnetes, siegreiches Jahr wird,
verbleibe ich für heute

Euer lb. Sohn Herbert

01.01.1945

Ohne Briefumschlag

Erster Januar 1945

Liebe Eltern & Bruder!

Das Jahr 1945 fing mit einem guten Erfolg
an, denn 4 Briefe bekam ich von Euch, wofür
ich bestens danke. Für Eure gesegneten
Weihnachtsgrüße danke ich aufs Beste. Es
ist bestimmt kein schönes Feiern, wenn die
Familie auseinandergerissen ist. Jeder
macht sich Sorgen über den anderen. Hoffen
wir, dass uns der baldige Sieg wieder jeden
zu den Seinigen führt. Unter den Briefen
waren unter anderem auch vom 26. + 27. bei,
die ja schnell den Weg zu mir gefunden
haben. Eure Post bekomme ich wohl auch alle?
Wenn ein Tag mal ohne Post bleibt, so

bringt der nächste Tag gleich 2-3 oder mehr Briefe. Will Euch nun schildern, wie wir unser Silvester gefeiert haben. Was nun den Krieg betrifft, merkte man gar nicht, trotzdem dass der Ivan 500 m von uns weg ist, dass überhaupt Krieg war. Das war ja nun das schönste von der ganzen Feier.

Als Bescherung gab es wieder einen Stollen, 7 Rollen Drops, eine Tüte mit Kleinigkeiten, 40 Zigaretten & 1 Flasche Rum. Das war vielleicht eine gemütliche Feier, so schön habe ich sie noch nicht zuhause gefeiert. Wir haben zwar die ganze Nacht nicht geschlafen, aber dafür am Tage.

Oft habe ich auch an Euch gedacht, wie Ihr auch an mich. Auch haben wir einen schönen mit Kugeln geschmückten Weihnachtsbaum gehabt, der unsere Weihnachtsstimmung noch emporgehoben hat. So wie Ihr, haben auch wir alle unsere drückenden Sorgen des alten Jahres vergessen. Die 5 - 100 gr. Päckchen habe ich noch nicht bekommen. Schade, dass Vater noch keinen Urlaub bekommen hat, den er doch schon lange verdient hat. Es ist ja schön, dass der Rudi wieder zuhause ist, gerade bei den Feiertagen. Nur schade ist es, wenn die schöne Markenschokolade umkäme, die ich ihm nach Wesel schickte. Dass der Herr Bein nun auch beim Volkssturm ist, wird ihm wohl sicher neben seiner Arbeit auch nicht passen? Haben Sie Onkel Karl noch nicht entdeckt? Das ist so eine bekannte Größe. Ihr braucht Euch keine

Sorgen zu machen, dass ich hier friere. Ich habe einen Winteranzug, der bald einen Zentimeter dick ist, von innen weiß & von außen bunt getarnt, außerdem dicke Filzstiefel mit extra Filzpantoffel noch drin. Einen Kopfschützer & 2 Paar Fingerhandschuhe. Ihr seht also, der Winter kann ruhig kommen. Dass Essen ist sehr ausreichend & fürs 6. Kriegsjahr noch sehr gut. Ihr fragt, wenn ich Geld brauche, soll ich schreiben. Kurz nebenbei bemerkt, will ich Euch meinen ungefähren Geldbestand schreiben. „Es geht so um die ½ Tausend, ich glaube, jetzt seid Ihr wohl zufrieden?"

Die 1. Zeit werde ich wohl nicht mehr in Not kommen. Wenn man Geld hat, braucht man keins, hat man kein Geld, ist es umgedreht. Wenn ich wüsste, dass wir immer im Einsatz bleiben, würde ich sie ja nachhause....

(Fortsetzung fehlt)

03.1.1945

Stempel: 07.1.45

Angekommen: 13.1.45

Im Osten, den 3. Jan. 45

Liebe Eltern & Bruder!

Möchte kurz wieder ein Lebenszeichen von mir geben. Es ist gerade Mitternacht wo ich Euch diesen Brief schreibe. Es geht mir noch recht gut, wie ich es auch von Euch hoffe. Nun hat auch hier der Winter seinen Segen heruntergelassen. Am 2.1. hat es den ganzen Tag an einem Stück geschneit. Leider setzte gleich wieder Tauwetter ein, was weniger erfreulich ist. Sonst ist bei mir noch alles beim Alten. Mit den Fliegern wird es wohl immer noch dasselbe sein? Nun ist meine Telefonwache um & ich werde nun zur Ruhe gehen. Seid nun für heute recht herzlichst gegrüßt von

Eurem Sohn & Bruder Herbert

05.1.1945

Stempel: 07.1.45

Angekommen: 13.1.45

Im Osten, den 5.1.1945

Liebe Eltern & Bruder!

Heute erhielt ich wieder 2 Briefe vom 20.
+ 27.12 - 1944, die ich nun beantworten
möchte. Recht vielen Dank für die lieben
Bildchen die darin enthalten waren. Auch
das vom 3.12. abgeschickte 100 g Päckchen
mit den 10 Zigaretten & dem Gebäck brachte
mir eine besondere Freude. Denn etwas aus
der Heimat schmeckt doch immer anders als
das Sonstige. Heute erhielt ich wieder 2
2-kg Marken, die ich nun beigelegt habe.
Das Wetter ist nun sehr schön. Nach dem
Tauwetter hat nun wieder der erwartete
Frost eingesetzt. Hier ist es immer noch
sehr ruhig. Ich glaube wohl, dass es mit
der Post so ziemlich klappt, wenn auch die
Briefe nicht gleich der Reihenfolge kommen,
die Hauptsache ist ja, dass sie kommen.
Jetzt sind wohl die kleinen Bilder alle,
oder habt Ihr noch mehr? Lb. Vater, im
nächsten Urlaub kann ich Dir mehr
Unterhaltung bieten, wie im letzten Urlaub.
Wie wärs denn mit einem schönen Skat, oder

einer Partie Schach? Denn sowas sind doch schöne Spiele, die einem Unterhaltung bieten. Müsst Ihr immer noch soviel des Sonntags arbeiten?... Wie ist das Wetter bei Euch? Was macht denn unser zweiter Großverdiener, der wird wohl schon alles umelektrifiziert haben?

Lb. Eltern, Ihr sprecht schon wieder vom Urlaub. Ich glaube wohl gerne, dass Euer einzigster Wunsch es ist, mich bald wieder in Urlaub zu sehen. Zwar hört man, dass einzelne in Urlaub fahren, ich rechne nicht eher wie Mai oder Juni. Bis dahin kann noch allerlei geschehen. Aber hoffen wir, dass alles gut klappt.

So schließe ich nun für heute mit herzlichen Grüßen

Euer lb. Sohn & Bruder Herbert

12.1.1945

Stempel: 04.2.45

Angekommen: 21.2.45
Feldpostnr. 29517/A

Im Osten, d. 12.1.45

Liebe Eltern!

Eure beiden Briefe vom 31. + 1.1. habe ich am 11.1. dankend erhalten. Die Bilder haben mir sehr gut gefallen. Es freut mich immer, dass es Euch noch recht gut geht, was ich auch von mir schreiben kann. Euren guten Happen hat mir sehr gut gekostet. Liebe Eltern, nummeriert doch bitte Eure Briefe durch eine Nummer oben in der Ecke, damit ich sehe, ob alle Briefe ankommen.

Habt Ihr meine 2 x 2kg Marken schon erhalten? Eine könnt Ihr ja mal verwahren. Nun könnt Ihr wieder einige Kuverts beilegen, denn ich habe kein Stück mehr. Bis jetzt ist noch alles ruhig bei uns, aber lange dauert das bestimmt nicht mehr. Mit der Post klappt es nun von allen Seiten so einigermaßen. Bei uns hat es vor einigen Tagen sehr viel geschneit, aber nun ist auch schon wieder Tauwetter eingetreten. Wie ist das Wetter denn bei Euch?

Wo liegt der Heinz Schubert eigentlich? Ihm möchte ich auch gerne einmal schreiben. Von den Postkarten habe ich jetzt genug Bilder, dem Kurt habe ich auch eines geschickt.

Lb. Eltern, von der Familie Martl* soll ich Euch schöne Grüße bestellen.

Erst jetzt erfuhr ich, dass Ihr das Paketchen aus Kbg. mit der Uhr erhalten habt. Dann sind sicher ein paar Briefe verloren gegangen. Nun will ich für heute schließen, mit besten & herzlichsten Grüßen verbleibe ich

Euer Sohn & Bruder Herbert

*Der Name Martl war mir bis zur Sichtung der Feldpostbriefe nicht bekannt. Zusammen mit einem signierten Foto von Erika Martl, das mit den Briefen für viele Jahrzehnte in einem Karton lag, bleibt nur die Erklärung, dass der Soldat Herbert im damaligen Ostpreußen eine junge Frau kennengelernt hatte, mit der ihn mehr verband als nur eine flüchtige Bekanntschaft.

(Siehe nächste Seite)

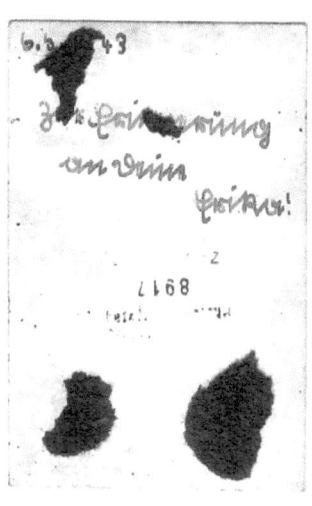

14.1.1945

Stempel: 18.1.45

Angekommen: 27.1.45

Im Osten, den 14.1.45

Liebe Eltern & Bruder!

Möchte Euch heute wieder die herzlichsten Sonntagsgrüße zusenden. Hoffe, dass es Euch noch recht gut geht, was ich auch von mir schreiben kann. Eine Woche habe ich nun keine Post mehr von Euch.

Fast immer, wenn ich schreibe, ist es um die Mitternachtsstunde, wo man die herrlichen Heimatklänge im Radio hört. Beim Kurt ist auch noch alles Bestens, einen Brief habe ich noch beim Stab liegen, den ich morgen abholen werde. Mit großem Interesse werdet Ihr sicher nun die gr. Schlachten im Osten verfolgen, wo wir auch wie immer unsern Mann stehen werden. Meine Gedanken sind auch immer bei Euch, die Ihr den Gefahren der Luft ausgesetzt seid.

Das Wetter ist hier auch sehr dem Winter angepasst. Die Kälte ist hier sehr gestiegen, aber der Schnee ist schon fort, der wohl bei Euch noch anhält?

So möchte ich für heute mein Lebenszeichen beenden.

Es grüßt Euch vielmals Euer lb. Sohn & Bruder Herbert

Königsberg den 5.2.1945

Liebe Eltern u Brüder!

Da ich nun wieder etwas Zeit habe, möchte ich Euch einige Zeilen schreiben. Mir geht es noch sehr gut was ich wohl auch von Euch hoffen darf. Sa + So Tagen liegen wir in einem Hause, sonst im Keller. Wir haben uns eine kleine Küche hier eingerichtet, gestern gabs zum Beispiel Milchsuppe mit Nudeln. Heute wieder soviel Kuchen wie jeder haben wollte und die Kartoffeln essen u Würsten. Manche dafür haben wir auch Suppe gehabt wo wir froh waren wenn wir trocken Brot u Brühe haben. Aber mein Aussehen ist immer noch wie ewige Leben, das ist ja auch die Hauptsache, darüber es Euch sonst noch. Von post ist wohl kaum zu reden, ich habe schon bald 2 Monate keine Zeit bekommen, gerade weil einer eingeschrieben daß wir post abholen sollen, aber es kann nicht zu mir um alte post Kümmeln, wenn ich etwas bei haben sollte? Das Wetter ist hier wie im Frühling den ganzen Tag scheint die Sonne, der Schnee ist schon wieder zu nichts geworden. Wie ist das Wetter bei Euch? Wie ist es mit den Fliegern dort, wohl immer noch aktiv. Bei uns fliegt immer

112

05.2.1945

Stempel: 07.2.45

Angekommen: 20.2.45
Königsberg, den 5.2.1945

Liebe Eltern & Bruder!

Da ich nun wieder etwas Zeit habe, möchte ich Euch einige Zeilen schreiben. Mir geht es noch sehr gut, was ich wohl auch von Euch hoffen darf. Seit 2 Tagen liegen wir in einem Hause unten im Keller. Wir haben uns eine tadellose Küche hier eingerichtet, gestern gabs zum Beispiel Milchsuppe mit Waffeln. Heute wieder so viel Klopse wie jeder haben wollte, mit Salzkartoffeln, Erbsen und Wurzeln. Naja dafür haben wir auch Tage gehabt, wo wir froh waren, wenn wir trocken Brot & Schnee hatten. Aber mein Aussehen ist immer noch wie´s ewige Leben. Das ist ja auch die Hauptsache. Wie geht es Euch sonst noch, von Post ist wohl kaum zu reden, ich habe schon bald 2 Monate keine mehr bekommen. Gerade hat einer angerufen, dass wir Post abholen sollen, aber es kann sich ja nur um alte Post handeln, wenn ich etwas bei haben sollte? Das Wetter ist hier wie im Frühling, den ganzen Tag scheint die Sonne. Der Schnee ist schon wieder zu nichts geworden. Wie ist das Wetter bei Euch? Wie ist es mit den Fliegern dort, wohl immer noch aktiv. Bei uns fliegt immer Welle um Welle feindlicher Flieger vorüber, aber das kann ja einen Seemann nicht erschüttern. Der Mann mit der Post ist schon zurück, aber für mich war nichts dabei.

In der Hoffnung, dass Euch dieser Brief gut erreicht & der Krieg bald aus ist, verbleibe ich für heute

Euer *lb.* Sohn & Bruder Herbert

(Festung. - Königsberg. den. 7.II. 45.)

Ihr Lieben.

~ Ich weiß, daß Ihr meine Post
auch alle erhalten, die ich Euch die letzten Tage
schrieb. Mir geht es immer noch recht gut
wie ich es auch von Euch hoffe. Die Ju 52 wird
wohl die Post alle abholen, die uns Raus geht.
Unsere Verpflegung ist Euer Sorgel los. Fast jeden
Tag bekommen wir Bonbons u Keks, die ich aber
meistens den Kindern abgebe, denen es wohl
besser schmeckt als uns Großen. Denn solange
wir noch ein sonstiges Essen haben, kann
man schon auf diese vollen Sachen verzichten.
Jetzt haben wir auch wieder ein Akordeon, was
uns viel Unterhaltung bietet. Gestern Ende
ich wieder 2 Kameraden geschnitzt die
wohl beide am Morgen gelandet sind.
Sonst gibt es hier nicht neues, ein Tag
verläuft wie der andere. Es ist gerade 3 Uhr
noch, wo ich wieder Vermittlungsdienst
habe, die Zeit wann den letzten Satz zu
schreiben. Gibt es sonst nicht neues bei
Euch? Ist Rudi immer noch zu hause, oder
ist er schon wieder schanzen? Mit den
Pflichtschichten ist es wohl immer noch
beim alten? Wie ist das Wetter bei Euch,

07.2.1945

Stempel: 10.2.45

Angekommen: 21.2.45
(Festung Königsberg, den 7.2.45)

Ihr Lieben.

Ich hoffe, das Ihr meine Post auch alle
erhaltet, die ich Euch die letzten Tage
schrieb. Mir geht es immer noch recht gut,
wie ich es auch von Euch hoffe. Die Ju 52
wird wohl die Post alle abholen, die ins
Reich geht. Unsere Verpflegung ist hier
tadellos. Fast jeden Tag bekommen wir
Bonbons und Keks, die ich aber meistens
den Kindern abgebe, denen es wohl besser
schmeckt als uns Großen, denn so lange wir
noch ein sonst gutes Essen haben, kann man
schon mal auf solche Sachen verzichten.
Jetzt haben wir auch wieder ein Accordeon,
was uns viel Unterhaltung bietet. Gestern
habe ich wieder 2 Kaninchen geschlachtet,
die wohlbehalten im Magen gelandet sind.
Sonst gibt es hier nichts Neues, ein Tag
verläuft wie der andere. Es ist gerade 3
Uhr nachts, wo ich wieder Vermittlungsdienst habe, da hat man am besten Zeit zu
schreiben. Gibt es sonst nichts Neues bei
Euch? Ist Rudi immer noch zuhause, oder
ist er schon wieder „schanzen". Mit den
Pflichtschichten ist es wohl immer noch

beim Alten? Wie ist das Wetter bei Euch, es geht sicher schon dem Frühling entgegen?

So will ich nun für heute schließen. Es grüßt herzlichst

Euer Sohn und Bruder Herbert

Dieser Brief vom 7. Februar 1945 ist der letzte Brief meines Onkels Herbert, zumindest der letzte, der mir vorliegt.

Am 8. Mai 1945 wurden offiziell und endgültig die Waffen niedergelegt. Der selbsternannte Führer hatte solange durchgehalten, bis er sein Land in den endgültigen Niedergang geführt, und ganz Europa mit einem lückenlosen Teppich aus Elend, Gewalt und Tod überzogen hatte.

Die Stadt Königsberg (heute Kaliningrad) im damaligen Ostpreußen wurde erst im August 1944 durch massive Luftangriffe britischer Bomberverbände stark zerstört, wodurch über 200.000 Bewohner obdachlos wurden. Die sogenannte „Festung Königsberg" wurde über drei Monate von der deutschen Wehrmacht gehalten, bis es der sowjetischen Armee im April 1945 gelang, in die Stadt einzudringen.

Der in Königsberg zuständige Kommandant General Otto Lasch beantragte bei seinen Vorgesetzten mit Nachdruck die Genehmigung, mit seinen Truppen einen Ausbruch zu versuchen, bei dem die Zivilbevölkerung mitgenommen werden sollte. Diese Genehmigung wurde jedoch vom Oberkommando in Pillau aufs Schärfste zurückgewiesen, obwohl keinerlei Unterstützung zur Verfügung gestellt werden konnte.

Dennoch versuchten die deutschen Truppen am 9. April 1945 sich nach Westen durchzuschlagen. Der Ausbruch wurde von der sowjetischen Armee verhindert. General

Lasch wurde von Hitler in Abwesenheit zum Tode verurteilt.

Da Herbert in den Monaten zuvor zu den in Königsberg stationierten Truppen gehörte, liegt die Vermutung nah, dass er bei diesen Kampfhandlungen ums Leben kam. Über die genauen Umstände seines Todes wurde nie etwas bekannt.

EVANGELISCHES HILFSWERK
für Internierte u. Kriegsgefangene
(Angeschlossen an das Hilfswerk
der Evangelischen Kirche in Deutschland)
Leiter: Bischof D. Theodor Heckel
Zweigstelle: Amberg/Opf.

(13a) **Amberg/Opf.,** Datum des Poststempels
Regensburgerstraße 5

Betr.: **Ihren Suchauftrag vom** ~~5.6.47~~ an uns/ **unsere Hauptstelle in Erlangen.**

Für Ihre Zeilen danken wir herzlich und bitten Sie, für die gesuchte(n) Person(en) die
beiliegenden Vordrucke genau in Block- oder Maschinenschrift auszufüllen und wieder
an uns zurückzusenden:

1. Die Karte an das „Russ. Rote Kreuz und Roter Halbmond" bitte nach genauer
   Ausfüllung mit 45 Rpf. Auslandsporto frei machen und beim nächsten Postamt
   aufgeben. Erfahrungsgemäß wird ein solcher Suchauftrag 4 bis 6 Monate laufen und
   der gefundene Kriegsgefangene Ihnen selbst schreiben.

2. Das Formular des Intern. Roten Kreuzes (Rot-Druck) bitte besonders sorgfältig
   ausfüllen. In jedem Falle sind auf der Rückseite 25 Worte Familiennachrichten
   zugelassen. Genauen Absender nicht vergessen!

3. Die Vordrucke an die Hauptermittlungsstellen ermöglichen eine Nachforschung für
   Vermißte, die in der Hand der Westmächte vermutet werden.

4. Die Formulare für die Zonenzentralen des Zivilen Suchdienstes bitte mit allen
   erforderlichen Angaben versehen. Falls Geburtsdaten, Heimatanschriften oder Post-
   leitzahlen fehlen, ist eine weitere Bearbeitung leider unmöglich.

5. Wir nennen Ihnen im Folgenden eine Dienststelle, die vermutlich Auskunft über
   das Schicksal der von Ihnen gesuchten Person(en) geben kann. Wenden Sie sich
   dorthin bitte selbst mit einem Suchauftrag unter Mitteilung genauer Personalien
   über die gesuchte und die suchende Person.

Prüfen Sie bitte vor Rücksendung der Formulare diese auf Richtigkeit und Genauigkeit.
Sie ersparen sich kostbare Zeit und uns Mehrarbeit. — Sobald eine Erfolgsmeldung
auf Grund Ihres Suchauftrages einläuft, werden Sie umgehend verständigt. — Teilen
Sie uns bitte im Falle des Wohnungswechsels Ihre neue Adresse und auch jede Ände-
rung des Suchauftrages mit. — Falls Merkzettel beiliegen, so wollen Sie diese genau
durchlesen und unseren Ratschlag beachten. — Für Ihre Spende(n) über RM.
zur Deckung unserer Unkosten und für die Betreuung der Kriegsgefangenenlager
danken wir herzlich.

Mit bestem Gruß

D. Heckel

Hauptstelle: (13a) Erlangen, Universitätsstraße 26
Postscheckkonto: Nürnberg 12744 - Bankkonto: Bayerische Vereinsbank, Filiale Erlangen 34416

Buchdruckerei Beck Straubing

Sechs Monate nach Kriegsende, im November 1945, erreichte Herberts Eltern, mir besser als Oma und Opa bekannt, folgender Brief einer unbekannten jungen Dame:

..., den 13.11.45.

Liebe Frau Müller!

[handschriftlicher Brief in Sütterlinschrift, weitgehend unleserlich]

13.11.1945

Cochstedt üb. Aschersleben

Cochstedt, den 13.11.45

Liebe Frau Schöttker,

Sie werden wohl sehr erstaunt sein, von ganz unbekannter Weise einen Brief zu erhalten. Nein so ganz unbekannt ist es auch nicht, denn es handelt sich um Ihren Sohn Herbert!

Ich bin ein Mädel aus Ostpreußen und kenne Herbert ganz gut. Deshalb habe ich die Bitte an Sie, mir mitzuteilen, ob Herbert noch lebt, und vielleicht ist er auch schon zu Hause bei Ihnen. Ich bin nämlich so ganz alleine. Von Eltern und Geschwistern weiß ich nichts, ja das brachte alles der Krieg mit sich.

Ich würde mich sehr freuen, von Ihnen eine Antwort zu erhalten oder vielleicht sogar von Herbert.

Nun sind Sie herzlich gegrüßt von Gertrud Hill

Zwischen Frau Hill und Herberts Mutter (meiner Oma) gab es anscheinend, zumindest für eine gewisse Zeit, eine wechselseitige Korrespondenz. Ob es sich um eine Liaison von Herbert gehandelt hat, ist nicht bekannt. Es wäre ihm aber zu wünschen. Schließlich hat mein Onkel nicht einmal das zwanzigste Lebensjahr erreichen dürfen.

Es wurde mir früher in der Familie immer eine große Ähnlichkeit mit ihm bescheinigt, und wenn man sich Jugendfotos von mir anschaut, kommt man nicht umhin, dies zu bestätigen. Auch hatte ich als Junge das, aus meiner Sicht zweifelhafte Vergnügen, für eine gewisse Zeit das Akkordeonspiel zu erlernen, was aber auf Grund fehlenden Interesse meinerseits nie zum Erfolg geführt hat. Schließlich gab es zu der Zeit schon die Beatles und die Rolling Stones, und da passte das Üben des Schneewalzers nicht gut in mein Weltbild. Aber der Druck von Vater und Opa war so groß, dass ich es für eine Weile probiert habe. Schließlich befand sich das Akkordeon meines Onkels noch im Besitz der Familie, und rückblickend verstehe ich, warum man sich gewünscht hatte, dass ich dieses Vermächtnis übernahm.

Ich konnte Herbert nie kennenlernen. Was das betrifft war die späte Geburt keine Gnade. Ich bin aber davon überzeugt, dass mein Onkel ein liebenswerter Mensch war, und vielleicht hätte ich gerne Zeit mit ihm verbracht und gute Gespräche mit ihm geführt.

Wenn Hitler ihn mir nicht gestohlen hätte.

Soldat Herbert mit Eltern und Bruder

Ganz herzlich bedanke ich mich bei meiner lieben Frau Rosi dafür, dass sie gemeinam mit mir viele Stunden damit verbracht hat, die teilweise schwer lesbare Sütterlinschrift in eine verständliche Form zu übertragen. Ein paar grammatikalische Fehler habe ich dabei zugunsten der Authentizität unkorrigiert übernommen.

DEUTSCHES ROTES KREUZ
IN DER BUNDESREPUBLIK DEUTSCHLAND
SUCHDIENST MÜNCHEN

DRK-SUCHDIENST 8 MÜNCHEN 40 INFANTERIESTRASSE 7a

Frau
Elisabeth Schöttker

Essen-Kate
Viktoriast

Nach   ö t   TAG: 16. 9. 74

Betr.: Ihr Suchantrag nach Herbert S c h ö t t k e r,
geb. 27.7.25 in Essen-Katernberg

Sehr verehrte Frau Schöttker,

im Rahmen unserer Nachforschungen wurden alle uns zugegangenen
Angaben und Informationen über das Schicksal Ihres Angehörigen
überprüft. Über die individuellen Ermittlungen hinaus haben wir
besonders die Möglichkeit untersucht, ob der Verschollene in Ge-
fangenschaft geraten sein könnte. Dabei ist den Kampfhandlungen,
bei denen Ihr Angehöriger und weitere Soldaten der gleichen mili-
tärischen Einheit vermißt wurden, genau nachgegangen worden. Das
Ergebnis ist in einem Gutachten festgehalten, das Ihnen Aufschluß
über unsere Nachforschungen und Einblick in die für den Verschol-
lenen entscheidend gewordene Phase des Kriegsgeschehens gibt.
Wird am Ende der Darstellung auch der Schluß gezogen, daß Ihr Angehöriger zu den Opfern des 2. Weltkrieges gezählt werden muß,
hoffen wir dennoch, Sie durch die Bekanntgabe des Nachforschungs-
ergebnisses von jahrelang ertragener Ungewißheit zu befreien.
Der Verschollene wird nach unseren Unterlagen noch gesucht von

. / .

Wir dürfen an Sie die Bitte richten, dem/der/den Suchenden von
dem Gutachten Kenntnis zu geben.
Für Ihre freundliche Mithilfe bedanken wir uns herzlich.

Mit vorzüglicher Hochachtung

Anlage:
1 Gutachten   M. Heinrich
1 Empfangsbestätigung   Direktor
1 Merkblatt

FERNRUF: SAMMEL-NR. (089) 18 60 31 · FERNSCHREIBER: 05 23 977 · POSTSCHECK: MÜNCHEN 881 00
NÜRNBERG NORDZENTRALBANK MÜNCHEN KTO. 700 019 14 · BAYER. VEREINSBANK MÜNCHEN, ZWEIGST. AM NORDBAD, KTO. 900 101

131

Zeitfracht Medien GmbH
Ferdinand-Jühlke-Straße 7
99095 Erfurt, Deutschland
produktsicherheit@kolibri360.de